U0676647

驾驶圣经
DRIVING BIBLE

《汽车杂志》编辑部　著

北京出版集团公司
北京美术摄影出版社

Marco Wittmann

马克·威特曼

德国房车大师赛 2014 年度车手总冠军

2014 DTM Champion

在 BMW 3 系之后，我换了台 BMW M3，并和它一起开始了我的 DTM 生涯……

身为 2014 赛季冠军，我早已习惯坐在 BMW 驾驶室里探求自我极限。当手握 Ice-Watch BMW M4 DTM 的方向盘踏入赛场，我手中掌控的是无数 BMW 工程师们最引以为傲的作品。他们对技术的执着，是我能够在 2013 年以来全球竞争最激烈的房车系列赛中屡夺桂冠的原因。

我至今都记得，我拿到人生第一台车时的情景，那是一台 BMW 3 系。从那以后，无论赛道还是公路，我的每一段旅程都有宝马相伴。它的得体、平衡、运动、趣味让我深深着迷，而这似乎只是我和 BMW 故事的开始……在 BMW 3 系之后，我换了台 BMW M3，并和它一起开始了我的 DTM 生涯。职业赛车生涯让我接触到更多 BMW 车型，在体验了 BMW M4 和 BMW M6 之类令人心动的车型后，我终于确信：BMW 就是我心中的终极座驾。

作为一名职业车手，我对赛车的要求十分苛刻，我希望赛车能在任何情况下加速，且无须考虑发动机在特定转速下的功率下降情况。我希望即便在高速行驶时赛车也能确保出色的弯道性能。真好，这些对于发动机特性和底盘的苛刻要求，BMW 完全能够满足。对于专注运动的 M 系车型而言这并不难。但是 BMW 却能保证所有标准量产车型都有同样出色的功率特性和动态驾驶性能，这的确值得夸耀。

对于一个每年日常驾驶里程高达 60000 公里的车手而言，赛车的舒适性至关重要。但舒适可不是宽厚座椅和软绵绵的悬挂，我需要快速感受路面的每一处颠簸，而这样的颠簸必须控制得恰到好处。强烈建议喜欢驾驶的朋友去试试 BMW，与它一起"贴地飞行"后你就能感受到 BMW 对于动态性能和舒适性能的平衡哲学。

驾驶不是硬着头皮疯狂加速，驾驶是将赛车推向物理极限边缘的一门艺术。如果有机会，建议你报名 BMW 在全球范围内提供的驾驶者培训课程，让专业人士在赛道上教你如何将 BMW 推向物理极限。去试试吧，你一定会爱上那种感觉，说不定以后我们还会在赛道上碰面——那该多棒啊！

DRIVING

Austin Wupei
吴佩

《汽车杂志》副总编辑

AUTO MAGAZINE, Deputy Publisher

人生是可以被驾驶的

很小的时候我喜欢爬进汽车的驾驶室，双手扶在方向盘上，闭上眼睛想象驾驶，鼓着腮帮子模仿发动机的声浪。一台汽车，不仅是远行的工具，更是一个孩子对于"掌控"的理解。第一次把汽车偷开出来的时候，我才 15 岁，那种双手掌控的快感至今都会在梦里出现。驾驶，对一个孩子来说，就是转动地球一样的快感。

大三的时候，我用稿费买了一台三手夏利，带着女孩飙车，得意、欣喜、紧张和不羁，车厢里混合着的青春气息和 90 号汽油的味道。在方向盘后的我看来，人生就此开上了快车道，我在方向盘后开始我的职业，迎来我方向盘后的女友，之后又变成一个颓废的单身汉，接下来再用方向盘接回我的新娘。开心或伤心的时刻里，方向盘一直就在我的眼前，扶直走叫作坚持梦想，抢一把叫作另辟蹊径。

出于对驾驶的热爱，起始于对汽车的热爱，也起始于对人生的把握，我第一次开上赛道的时候就是跟着 BMW 的驾驶教官 Ringo，外——内——外、慢——快——慢的课程结束的时候，我认为动作就是驾驶的全部。恪守着教科书法则，在卡丁车场和山路上反复操练，重新回忆大学《汽车理论》课，我对驾驶的理解越来越理论派，驾驶在我看来就是技术流。

蠢蠢欲动地参加了几场耐力赛，成绩并不理想，不免自问：极致的赛车驾驶，究竟需要的是什么？直到坐在 FIA F4 赛车的驾驶舱里我才大概想明白，当你用顽强的斗志和充沛的体力来驾驶一台方程式赛车的时候，驾驶最极致的一面才真正显露出来，驾驶的核心原来是一门艺术，需要智商、情商、逆商，更要有果断和勇气。

现在的我，多数时间都坐在后排看手机，对我而言，驾驶是有宽度的，它有情绪、有张弛、有节奏，也有愤怒和悲伤，这不就是我们对人生的追求吗？

PLEASURE

Vin Dong
董威君

BMW（中国）高级培训师

BMW China, Senior Instructor

读懂车，读懂 BMW，了解驾车之道，才能真正领悟驾车的乐趣和真谛

本来是想着，当我写书的时候请别人给我写序，没想到，居然是我先给别人写序了。

书稿拿到的时候，第一反应是，这本该是我要写的啊，让人抢先一步了。不过从头到尾看完，发现，这本书绝对不是一个人可以完成的，也发现，我自己的书还是有发挥的空间的。因为，这真的是一本给爱车、想开好车的人看的一本"圣经"。

已经想不起多少人问过我相似的问题：怎么才能开好车？首先是对车的理解。明白了车之理，才能弄懂车之道。

会开车要先读懂车。这本《驾驶圣经》能够让人读懂车，读懂 BMW，明白为什么 BMW 够胆量将"驾驶乐趣"挂在嘴边。

相信所有人都能在这本书里找到自己对驾车高手的定义，这真的好比一本武林秘籍，专业而又不晦涩的内容能够让新手和高手都能找到适合自己修炼的方向和方式。

书中的各种技巧一定要在安全的前提下学习，还是那句话："把激情留在赛道上吧！"

读懂车，读懂 BMW，了解驾车之道，才能真正领悟驾车的乐趣和真谛。相信从头到尾读完这本书，你再不会轻易地说：我会开车。这也许才是大彻大悟吧。

DILIGENCE

Yue Han
韩岳

赛车手、古董车玩家及收藏家、
"环球赛道 400 天"车手

Race Driver, Antique Car Collector,
The Driver of "ADVENTURE 400 Global
Track Tour"

每个车神都是从普通驾驶者开始逐步成长的，在这条路上你需要一盏明灯

　　关于驾驶我想很多人会对你说那是天赋。如果你没有那种天赋就需要多加练习。但驾驶汽车不像其他依靠身体锻炼的体育运动项目，你需要有一台汽车为伴，而稍不留神这个伴侣就会如同猛兽魔鬼。

　　我生长在一个普通家庭，没有机会驾驶更多的车进行足够的练习，但对于驾驶和赛车的迷恋丝毫未减，我会在每天晚上睡觉前静心用大脑去回想那些看到的动作和设想那些动作会产生的车辆姿态，在脑海中练习几百遍，熟记于心的时候才会去找机会实践。

　　一位好的老师会帮助你少走很多弯路，一句点拨就会让你茅塞顿开，每个车神都是从普通驾驶者开始逐步成长的，在这条路上你需要一盏明灯，它不会嫌弃和厌烦你，它只想把自己知道的分享给你。这本《驾驶圣经》就是这盏明灯，去了解我们分享给大家的知识和经验，就像赛车中最重要的那一句话：慢进快出！慢慢读懂它，去体会它，你也可以做到。

一天，一位记者问我："坦率地讲，你和塞纳谁是最好的赛车手？"我说

One day, a journalist asked me, "being honest, who was the best, you and Se

......" ——前 F1 冠军、BMW M1 ProCar 冠军 Nelson Piquet
," I'm alive..."——F1 Champion, BMW M1 ProCar Champion Nelson Piquet

全长 28.3 千米，超过 180 个不同种类的弯道，垂直落差最高达

28.3 kilometres, more than 180 different bends, 300 metres of elevation

是"绿色地域"，也是"真理之环"。它就是纽博格林赛道。
the Green Hell, also the Ring of Truth. It's Nurburgring Nordschleife.

上帝给了我一个不错的大脑，但真正重要的是一个能感知
God gave me an okay mind, but really good ass which can fee

股！——前 F1 冠军、BMW M1 ProCar 冠军 Niki Lauda

n a car ——F1 Champion, BMW M1 ProCar Champion Niki Lauda

德国房车大师赛并不是德国版的
DTM isn't just "NASCAR with a G

而是装上房车外壳的 F1。

". It's more like F1 with roofs.

是优雅华丽的失控。

and the elegant runaway.

目录

1 2 **3**er

4 5 6

7 8 9

0

汽车虽逐步进入"傻瓜时代"，
但一台优秀的"驾驶者之车"依旧有着丰富的内涵。
所以，要认识 BMW 3 系，
你需要了解一些基础知识。

第一章
认识 BMW 3 系

为什么坚持前置后驱？

坚持**后轮驱动**的本质就是坚持驾驶乐趣。

加速时，车辆重心后移，作为驱动轮的后轮获得更多的**抓地力**。

前后轮分工明确，前轮只负责**转向**，后轮负责源源不断地**提供动力**。

更有利于实现车辆前后重量的**均衡分布**是前置后驱结构的一大优点。

刹车状态，更趋于平衡的车体可以减轻前轮的**制动力负荷**。

F1、DTM 等场地赛车都采用后轮驱动。

世界上绝大多数**纯种跑车**都采用后轮驱动，剩下一小撮则是以后轮驱动为主的四轮驱动车型。

FR 倾向于**转向过度**，可以做出华丽的**漂移**动作。

在营造**驾驶乐趣**上，后驱无疑有着**先天优势**。它既能兼顾日常使用，又能提供出色的操控和丰富的驾驶乐趣，是豪华运动型轿车的最佳结构。

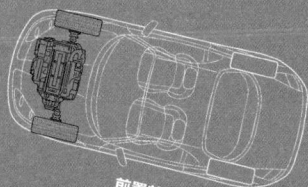

前置前驱 FF

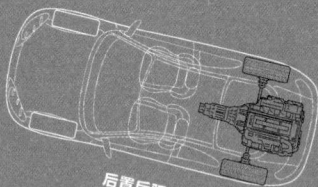

后置后驱 RR

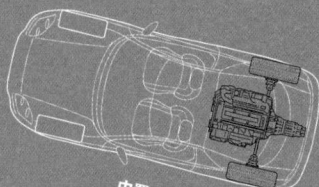

中置后驱 MR

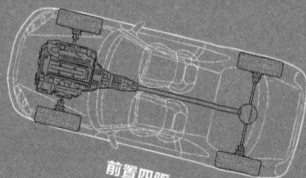

前置四驱 4WD

FR

BMW 3 系底盘布局形式

前置后驱形式有助于平衡前后轴重量分配，既兼顾日常使用又提供更佳的驾驶乐趣。

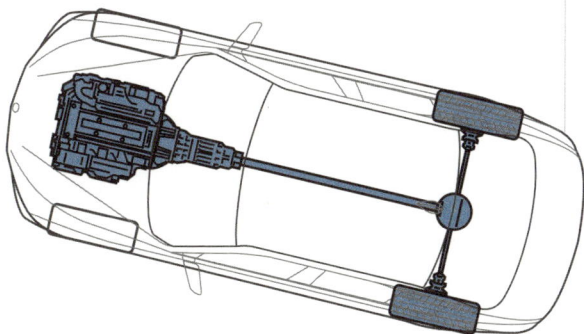

BMW 忠于的 50：50 意味着什么?

平衡不易实现!

转弯时速度过快导致突破极限的失控状态主要有两种：转向不足和转向过度。

前轮先突破抓地力，车头就不愿跟随转向意图转弯，整车表现出向弯道外侧推出的趋势，俗称推头，术语称为转向不足。

后轮先突破抓地力，车尾外甩，车头表现出向弯内转动，甚至车身出现旋转倾向，俗称甩尾，术语为转向过度。

对于一般驾驶者，无论推头与甩尾，最简单有效的处置方式就是一脚刹车踩死!

从驾驭角度讲，转向不足可通过收油门或制动的同时配合回方向，使前轮重新获得抓地力。

相比之下，控制转向过度要更加复杂。

后轮失去抓地力而甩尾后，要想使车辆回到正常状态，切忌大幅度收油或者刹车，因为在那一瞬间车辆重心会更加偏向前轴，后轮进一步失去抓地力而加速甩尾的倾向。正确的做法是反打方向盘克服车身转动的趋势，同时轻微收油，让后轮重新获得抓地力。

转向过度时，反打方向盘，保持住油门并进行微调，控制车辆以转向过度的状态持续前进就是所谓的漂移。

倾向于转向过度或转向不足，是车辆本身的一种特性，这主要取决于车身重量的前后分配。

BMW 3 系 50：50 的前后配重是为了达到最佳的平衡，让驾驶者享受纯粹驾驶乐趣的同时，又拥有舒适、安全、豪华的驾乘体验。

重量偏向前轴

我们拿着哑铃的后部让它旋转起来是很费力的，前置前驱车型也类似，前部集中了很多的重量，车头的巨大惯性让它很难实现灵活的转向，即使在突破极限表现出转向不足之前，也有一些转向不够活跃的倾向。

重量偏向后轴

后置后驱或者中置后驱布局，更重的尾部则是把双刃剑。堆积在尾部的重量让车头更灵活，加速更凌厉，弯路中的正常表现也倾向转向不足，可一旦你在弯中大力制动或者利用油门让后轮突破极限，就发生了甩尾。

重量平衡

一向注重驾驶乐趣的宝马，基本都采用前置后驱布局，并且追求完美的前后50：50极致平衡的重量分配。为了达到这种平衡，宝马很多车型的蓄电池都是安置在行李箱中的。不只如此，宝马车型的驾驶员位置也基本位于前后轴的中间，可以将驾驶员体重对前后轴的分配产生的影响降到最低。

From NA

自然吸气发动机

从自然吸气到涡轮增压的完美转身

作为一个追求**运动和驾控**的品牌，好的发动机必不可少。

对于 BMW 的 Fans 来说，**"直 6 自吸"**一直是为人津津乐道的关键词。

还记得上一代 BMW 3 系（E90）主打的 **325i** 吗？搭载的就是直列 6 缸 2.5 升自然吸气发动机。

随着环保、降低排放和小型化成为**主流趋势**，BMW 开始在 3 系大面积**普及涡轮增压**动力系统。

面对一直备受好评的自然吸气发动机，改用涡轮增压发动机的**转型**过程面临着很大的**风险**。这次转型是**成功**的！

新一代涡轮增压发动机在与前辈的纵向比较和与竞品的横向比较中都表现出了**更胜一筹**的实力。

采用涡轮增压发动机后，同一个发动机具有**更宽泛的调校空间**，比如 N20B20 这款发动机，在 BMW 3 系就提供了 320i 和 328i 两种调校。

双涡管技术使发动机最大扭矩的转速降低到 1250 转 / 分，最大限度**避免了涡轮迟滞**现象，并保证了宽泛的扭矩平台。

TwinPower（双重高效动力）		Turbo（涡轮增压）
Valvetronic 电子气门	High-Precision Injection 高精度缸内直喷	Twin-Scroll Turbo or Twin Turbo 双涡管单涡轮增压或双涡轮增压

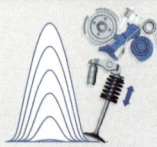

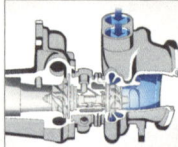

Turbo

发动机升级编号
0= 初代版本
1~9= 基于初代版本进行较
大改进后的版本

技术更新编号
0~9= 不同技术版本的编号

排量
30=3.0L
25=2.5L
48=4.8L 等

动力输出等级
S= 超级
T= 顶级
O= 高功率
M= 中等功率
U= 低功率
K= 超低功率
0= 新开发

发动机系列
M=2001 年以前的发动机
N=2001 年以后的发动机
B=2013 年以后的模块化发动机
S= 宝马运动部门生产的发动机
P= 宝马运动部门赛车发动机
W= 外部供应商发动机

汽缸数量
2= 直列 4 缸
3= 直列 3 缸
4= 直列 4 缸
5= 直列 6 缸
6=V 型 8 缸
7=V 型 12 缸
8=V 型 10 缸

燃油类型
B= 汽油
D= 柴油
E= 电能
G= 天然气
H= 氢气

N20B20O1

N 系列直列 4 缸初代汽油 2.0 升高功率 1 型发动机

涡轮增压发动机

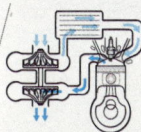

涡轮增压 (Turbocharger)
利用废气推动涡轮转动，从而带动进气端的涡轮实现进气增压；涡轮增压效率更高，但动力线性略差。

机械增压 (Supercharger)
利用发动机本身的运转带动增压部件旋转实现进气增压。机械增压线性更好，但本身的运转会消耗一部分发动机的动力，效率稍低。

Automatic Transmission
自动变速箱——发动机的高效搭档

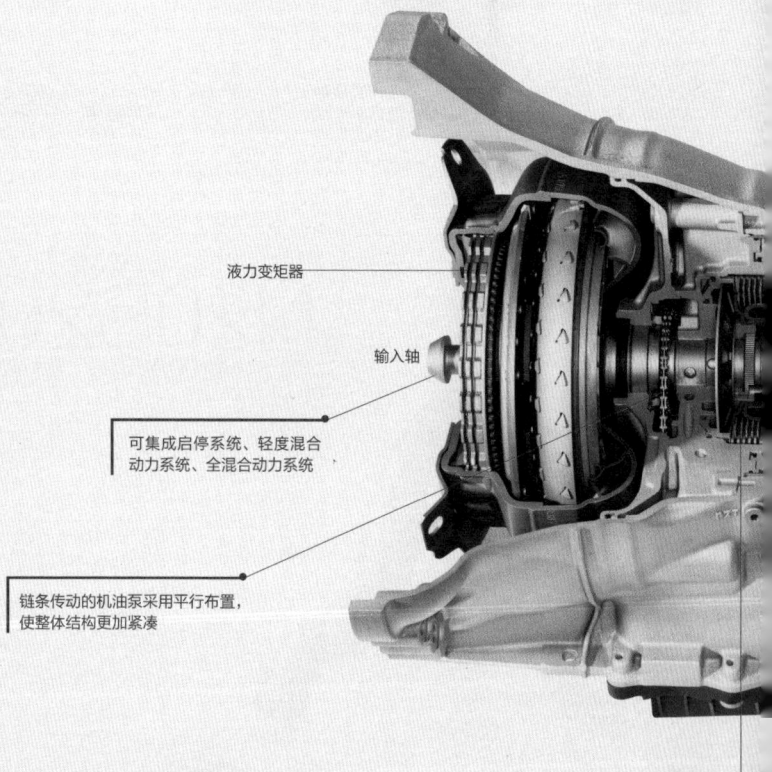

液力变矩器

输入轴

可集成启停系统、轻度混合
动力系统、全混合动力系统

链条传动的机油泵采用平行布置，
使整体结构更加紧凑

好的变速器是将动力**高效、智能、顺滑**传递到车轮的一个关键环节。

传统自动变速通过**液力变矩器**控制动力的接通，通过液压操纵系统控制挡位的选择。

从 6AT 到 8AT，挡位齿比分布更加绵密，高挡位巡航时，发动机转速更低，因此更
利于**动力的发挥和燃油经济性的提升**。

但**挡位越多，系统越复杂**，重量越重，可靠性越低。所以挡位数量不可能无止境地增加。

BMW 3 系搭载的 8AT 变速器有着极好的稳定性和性能表现，能根据驾驶者的需求，
采用不同的**换挡策略**。可舒适，也可运动。

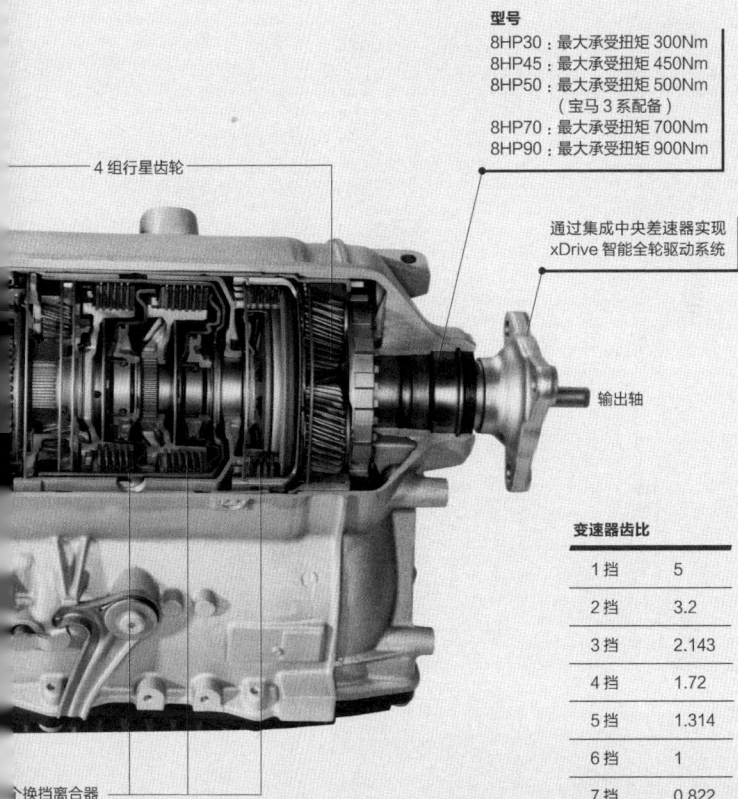

型号

8HP30：最大承受扭矩 300Nm
8HP45：最大承受扭矩 450Nm
8HP50：最大承受扭矩 500Nm
（宝马 3 系配备）
8HP70：最大承受扭矩 700Nm
8HP90：最大承受扭矩 900Nm

4 组行星齿轮

通过集成中央差速器实现
xDrive 智能全轮驱动系统

输出轴

换挡离合器

变速器齿比	
1 挡	5
2 挡	3.2
3 挡	2.143
4 挡	1.72
5 挡	1.314
6 挡	1
7 挡	0.822
8 挡	0.64
倒挡	3.456
主减速比	3.154

舒适模式时，变速器**完美匹配**涡轮增压发动机温柔的一面，以合理的**换挡逻辑**和**平顺**的换挡过程来提供舒适的驾驶感受。

普通自动变速箱换挡时间最快可达 **200 毫秒**，而 BMW 3 系所搭载的**运动型变速箱**，其最快换挡时间仅为 **100 毫秒**，而且在急加速时，**可直接从 8 挡降至 2 挡**，保障充沛的动力输出。

弯道行驶特性

1
后驱车型
倾向转向过度

2
前驱车型
倾向转向不足

3
偏重后驱的四驱车型
转向中性，轻微倾向转向过度

4
偏重前驱的四驱车型
转向中性，轻微倾向转向不足

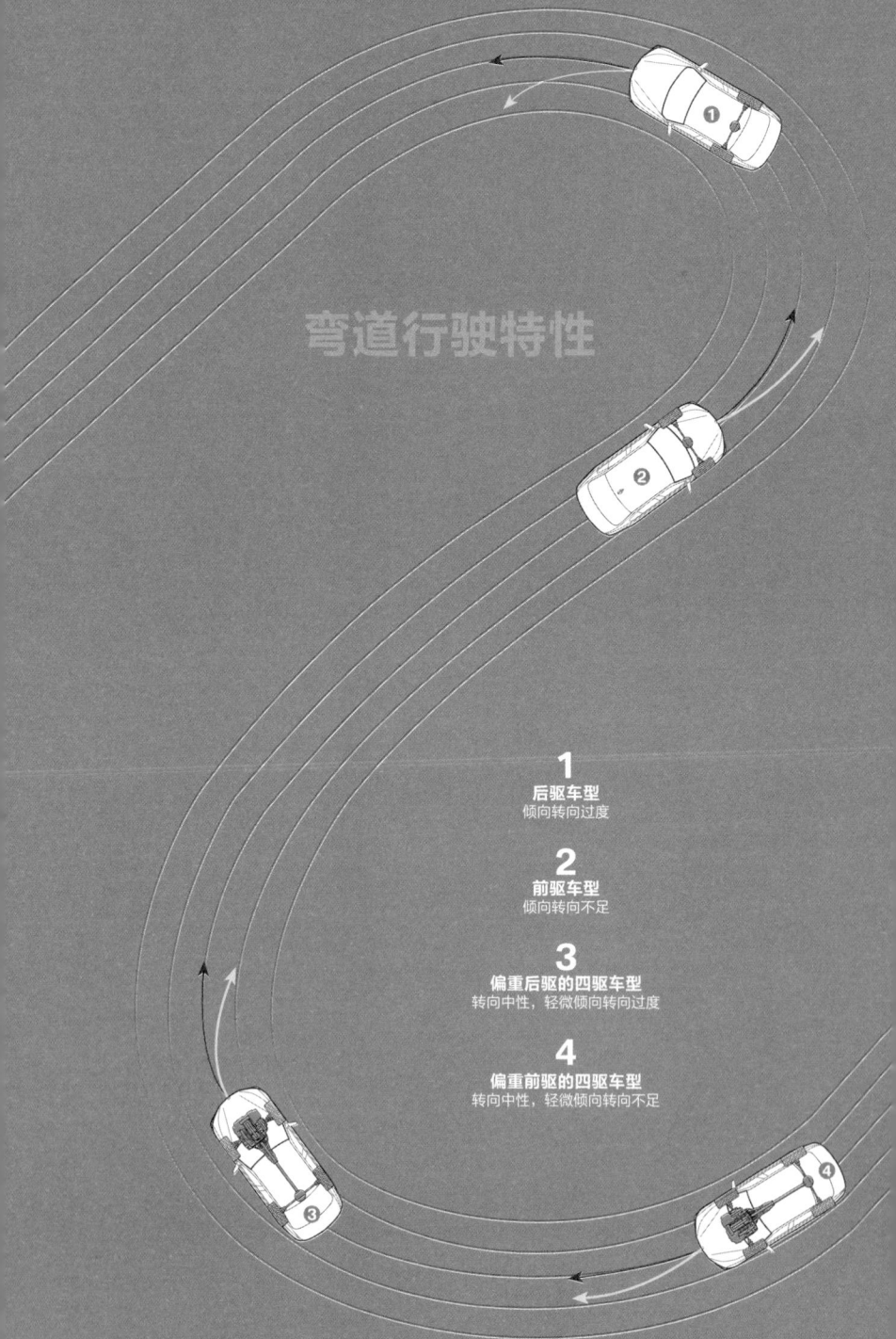

xDrive

xDrive 的威力何在?

四轮驱动只用于越野? 你错了! 它同样能提供**操控乐趣**!

BMW 的**第一款四驱车**要追溯到 30 年前的 1985 年。那是一辆四驱版本的**第二代 BMW 3 系**。

有别于常规 4x4 驱动系统，**BMW xDrive 智能全轮驱动系统**能在后轮驱动感丝毫无损的前提下，确保车辆即使在光滑路面行驶时抓地力依然牢固可靠。

37%：63% 的前、后轴扭矩分配表明它依然侧重后轮驱动。随着技术的不断发展，虽然驱动比例有所变化，但**侧重后轮的四驱形式**从未改变!

xDrive 智能全轮驱动系统发挥威力的**最佳舞台**是湿滑或者冰雪路面，四轮驱动能提供**更中性、更稳定**的操控。

前、后轴扭矩分配只是**基本功**，xDrive 的**高段位技能**是在动态稳定性控制系统（DSC，Dynamic Stability Control）的配合下实现左、右车轮间的扭矩分配。

让外侧车轮获得更多动力，对内侧车轮施加一些制动力，更有利于车辆过弯的**循迹性**。

极限赛道驾驶，xDrive 能有效提升**过弯极限和出弯速度**!

扭矩向后传输

扭矩向前传输

偏重后驱的四驱系统扭矩分配的比例

	前	后
通常情况	**40**	**60**
0.1S 调节范围 快速切换	0~100	100~0

Sus

独特悬挂结构的背后

什么是悬挂？车架和车轮之间的**弹性连接结构**，对操控起着至关重要的作用。

弹性是一把**双刃剑**，缓冲颠簸保证舒适性和抓地力，同时也造成了过弯时的车身侧倾。

悬挂的调校就是如何用好这把双刃剑的**深奥学问**！

要想实现操控性和舒适性的完美平衡，**独立悬挂**是不二之选！

对于 BMW 的拥趸，**"双球节弹簧减振支柱前桥"**是个熟悉又陌生的术语。

BMW 很多车型都采用这种前悬挂。

基于麦弗逊式独立结构，BMW 把"L"形控制臂改为**两根控制臂**，更有效地吸收来自不同方向的受力，同时提供**更直接的转向**和**更清晰的路感**回馈。

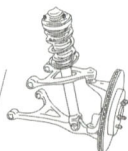

BMW 3 系采用五连杆独立后悬挂结构，以保证**高水准**的悬挂调校。

在豪华运动轿车领域，BMW 3 系对运动与舒适的完美平衡有着不懈的追求，是当之无愧的**操控标杆**！

多连杆独立悬挂
属于双叉臂结构的进化形式，一般包括 3~5 根连杆。设置自由度高，可进行精细化调校，最大程度保持轮胎贴地性，多用于高性能车型上。

麦弗逊独立悬挂
由弹簧、减震组件、"L"形控制臂组成，结构简单，零件数量少，占用空间小，以发明者的名字命名，可有效过滤路面颠簸。

双球节弹簧减振支柱前桥
基于麦弗逊式独立结构，BMW 把"L"形控制臂改为两根控制臂，更有效地吸收来自不同方向的受力，同时提供更直接的转向和更清晰的路感回馈。

双叉臂独立悬挂
由弹簧、减震组件、上下控制臂组成，零件数量多，需要更多空间，结构刚性强，有效控制车身姿态，多用于运动车型上。

oension

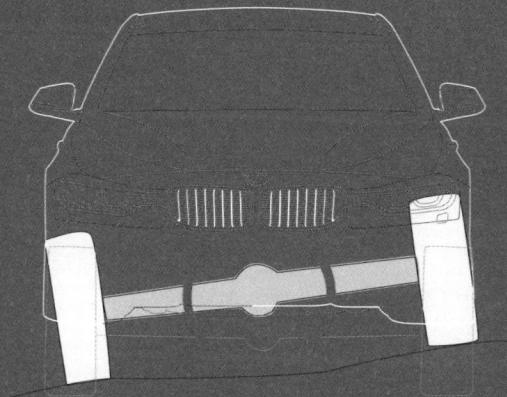

非独立悬挂：左右车轮由一根整体轴连接，两侧车轮的动态相互干扰，影响车轮贴地性和行驶稳定性。

悬挂的任务是保证车轮抓地力、承担车身重量、缓冲路面颠簸

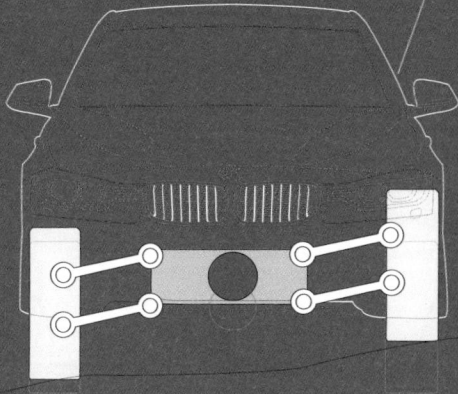

独立悬挂：左右车轮可独立上下运动，动态互不干扰，可有效提高车轮贴地性、行驶稳定性和乘坐舒适性。

轻是驾驶者之车毕生的追求
BMW Efficient Lightweight

车辆性能的提升必须**全方面综合**考虑，否则就会有按下葫芦浮起瓢的尴尬。

轻量化是本质性的改进！

无论赛车还是民用车，减轻车身重量，车辆在**加速、减速、过弯**等方面都会有更好的表现。

轻量化也是提升**运动性**和**效率**的重要途径。

BMW 的轻量化技术涉及车身、发动机、底盘、悬挂、内饰等多个范畴。
材料包括**合金、塑料、再生材料、复合材料**等。

轻量化是个**系统工程**，改换轻质材料后不但不能降低强度，反而要提升强度。如 BMW 3 系通过提高高强度钢的应用比例，使得车身架构**重量更轻、强度更高**。

碳纤维无疑是轻量化领域最常被提到的词之一，其强度比钢强，重量比铝轻。

BMW 通过 i3 和 i8 **革命性**地在量产车上大量采用了碳纤维材料。

碳纤维还被用于 **BMW M3/M4** 的车顶、行李箱盖、传动轴等部件。

普通 BMW 3 系，发动机中大量使用**铝、镁材料**，不但重量大幅度减轻，发动机运转噪声也明显降低，而且因为热传导效率提高也缩短了冷启动的升温时间，还进一步改善了发动机的排放水平。

悬挂系统大量应用铝合金等轻量化材料，受益最大的则是车辆的操控水平。

簧下质量对车辆运动性能的影响要远大于车身的重量，因此 BMW 非常注重悬挂系统和刹车系统的轻量化。

早在 1996 年，BMW 车型就几乎全部采用**全铝悬挂结构**，不但对舒适性有显著提升，更能提升操控性并明显缩短刹车距离。

车轮支撑车身的上下振动模型

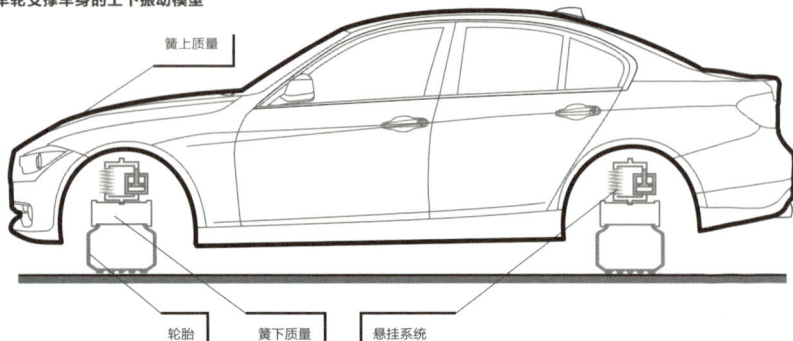

簧上质量

轮胎　簧下质量　悬挂系统

25%

ightweight=

量减轻

+Performance 性能
+Handling 操控
− Fuel consumption 油耗

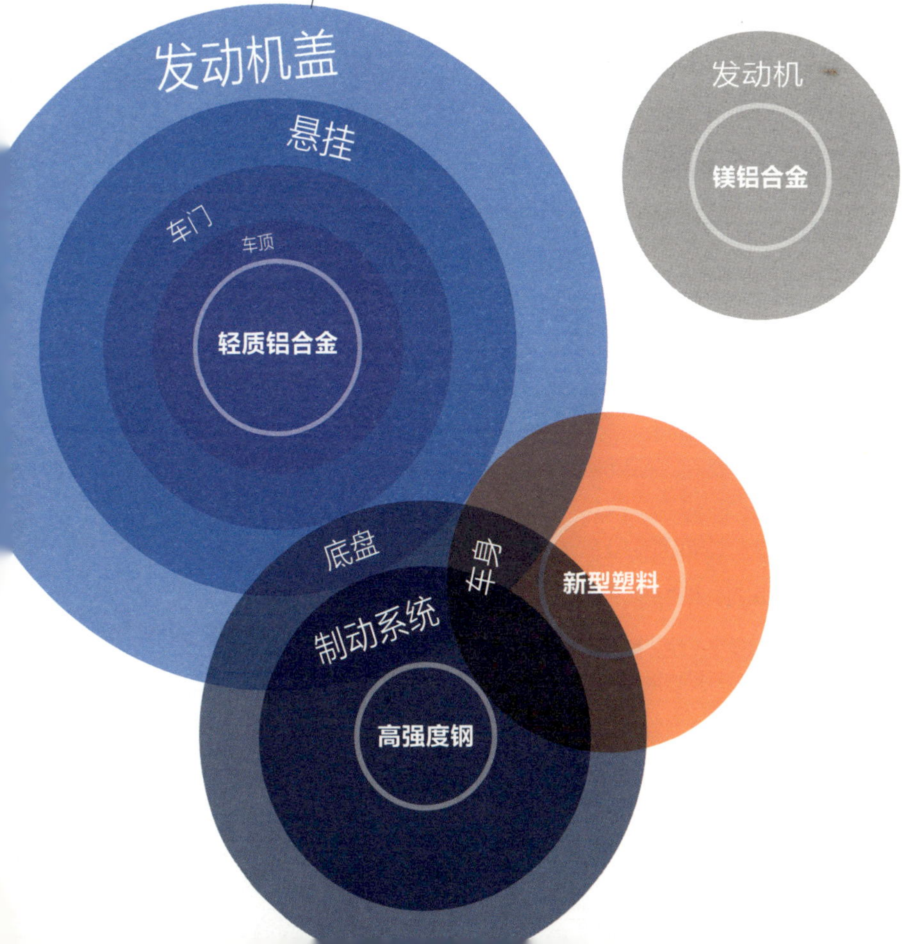

发动机盖

悬挂

车门

车顶

轻质铝合金

发动机

镁铝合金

底盘

车轮

新型塑料

制动系统

高强度钢

Framework
车架——软和硬的博弈

一辆好的**驾驶者之车**同样需要稳定的车身结构。

承载式车身具有良好的刚性,以保证舒适性、安全性和过弯时的表现。

轻量化是大趋势,但**车身刚性**决不能降低。

当然,一辆车也不是所有部位都要坚硬无比。前、后部是吸收碰撞能量的**缓冲结构**,座舱必须尽可能减小变形。这就是所谓的软硬结合。

在行驶过程中,车身结构与车轮、悬挂一起**吸收**来自地面的**振动**。
车身刚性越大,过弯时扭曲变形越小,**车辆姿态**越稳定。

豪华运动轿车向来兼顾高刚性车身和均衡的悬挂调校。

BMW 3 系曾经是一块**"硬骨头"**,利用很硬的悬挂,制造硬邦邦的
驾驶感受,这也是操控哲学中的重要一环。

但 BMW 3 系毕竟不是赛车,它需要**兼顾日常使用**,所以开始融入更多的"软"。

全新 BMW 3 系的悬挂系统可以**调节避震阻尼**,一方面提供舒适性的"软",另一方面为激烈驾驶留足了"硬"。

后缓冲吸能结构
通过溃缩结构吸收来自后面的撞击能量，剩余撞击能量被尽量分散后再向前传递。

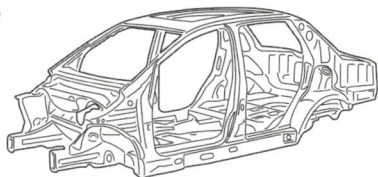

高强度座舱结构
撞击过程中，为了保护车内人员，座舱不能发生较大的形变，因此要采用高强度材料和结构。

吸能结构
撞时通过溃缩结构吸收撞击能量，剩余撞击能量被尽量分散后再向后传递。

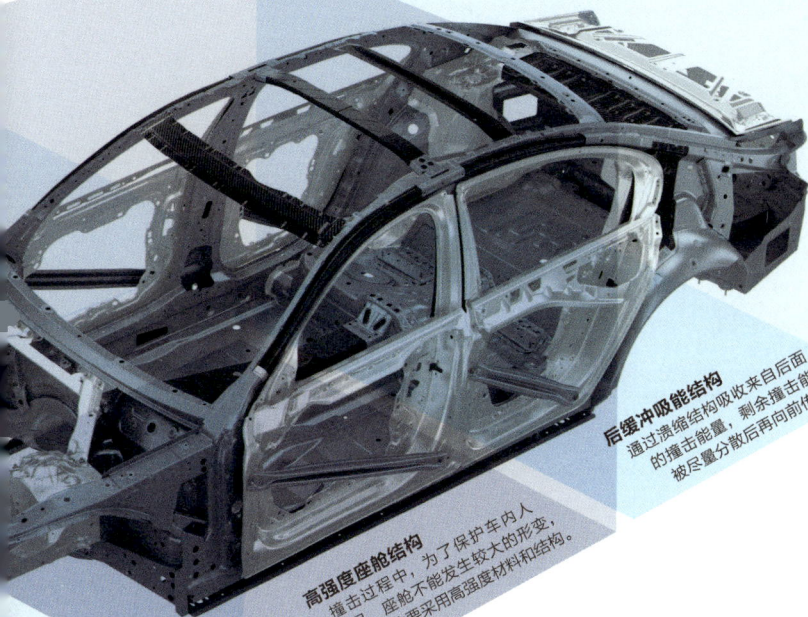

承载式车身
车架和车身一体成型，是现代轿车的主流结构。车体的强度主要取决于车身板件和结构件。整体轻巧且刚性高。该结构的另两大优点在于可以降低底盘高度，并在碰撞时有效吸收撞击能量。以往，因为发动机和悬挂直接安装在车身上，所以震动和噪声很难抑制。但随着技术的发展，这个缺点已经可以被忽略。

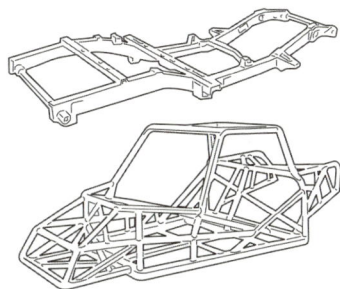

非承载式车身
这种结构是将发动机、变速器和悬挂等固定在坚固的车架上，然后再安装车身。包括梯型式、背骨式、周长式和平台式等。其中梯型式成本最低，同时又能保证强度，众多越野车普遍采用这种形式。另有一种"多管式车架"。因为很容易兼顾高刚性和轻量化，又易于改造和修理，所以多用于赛车领域。

没有危险才是最大的安全

被动安全，指的是已经发生了碰撞，车辆要凭借高强度的车身结构、良好的溃缩吸能设计、周到的安全气囊配置，最大可能保护车内乘员和道路行人的安全。

在碰撞之前能够主动防止碰撞的发生，是更高明的策略，这就是**主动安全**的范畴。

越是在早期阶段采取措施，就越能远离风险，在主动安全之前，**预防安全**成了目前另一个极受重视的领域，简单理解就是杜绝安全隐患。

智能安全系统
全彩平视显示系统（部分车型配备）
智能全轮驱动系统（xDrive 车型配备）
随动控制大灯（部分车型配备）
疲劳警示系统
盲区辅助系统
车道偏离警示系统

电子保护系统
动态稳定控制系统（DSC，
含 DTC 动态牵引力控制系统）
防爆轮胎及胎压报警指示灯

驻车系统
前后部驻车距离报警器（PDC）
后视摄像机
全景摄像机（部分车型配备）
自动泊车辅助（部分车型配备）
舒适进入功能（部分车型配备）

便利安全系统
中控报警系统，附无线遥控器，
雨量探测器，含自动大灯控制
后排儿童座椅固定装置 ISOFIX
自动拉紧安全带
RunFlat 缺气保用轮胎

安全气囊系统
双前座安全气囊
前、后排头部安全气囊
驾驶和副驾驶侧面安全气囊

Safety

iDrive 引领汽车互联

iDrive 是车辆和乘员的**交互式信息中心**，是 BMW 汽车又一重要的标签。

BMW 互联驾驶系统使正在驾驶汽车的你依然与移动互联世界保持着不间断的连接。

获取**实时路况**，避开拥堵。

拨通 **BMW 呼叫中心**，说出目的地，就可完成导航设置。

依据个人兴趣点，**模糊检索**目的地，推送资讯、股市信息等。

iDrive 与移动电话交互也早已不局限于通话和音乐播放。**远程控制、紧急救援**为用户提供了更多的便利和保障。

BMW 远程助理

BMW 远程助理应用程序使您无论身在何处，都可以通过智能手机与您的 BMW 保持联系：具备远程解锁或锁定您的汽车；在 1 千米以内定位您的 BMW；提前开启车内通风系统等功能。BMW 互联驾驶的登记程序要求您设置两个密码：第一个密码是您在经销商注册 BMW 互联驾驶时设置的六位密码；第二个密码是您首次在您的智能手机上下载并安装免费版的 BMW 远程助理应用程序时设置的四位密码，该密码在您设置后，可以再次更换。互联驾驶进一步升级，从此 BMW 3 系不再单纯是一台汽车，也是您微信里最重要的好友，通过微信，你们就能顺畅地沟通。

iDrive

iDrive 显示系统

高清显示性能确保了信息的清晰易读。创新的
BMW 互联驾驶功能包括 BMW 远程售后服务、
旅程咨询服务、远程车辆操控服务和实时路况信
息等，即便在困境条件下，也始终确保您与外界
的直接连接。

专业级导航系统具备快速启动、闪速路线计算、
节省燃油个性化提示以及在城区内提供便捷引
导的三维地图导航等优点。

**带手写输入板的 iDrive
控制旋钮**

利用带手写输入板的 iDrive
控制旋钮，您可在 BMW 车
内用一只手方便地操纵 iDrive
系统。如方便地手写输入目的
地，调用并调节很多功能并滚
读列表。在驾驶中，您无须分
散过多精力，从而更专注于路
面情况。

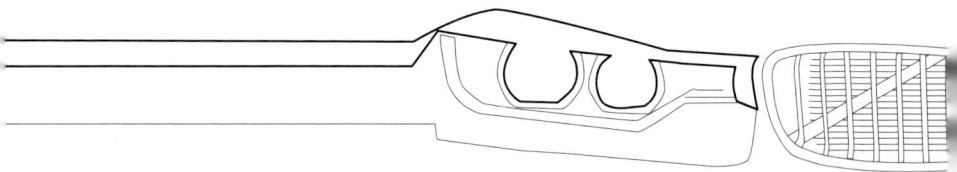

第二章　**初阶驾驶技巧**

做一个会享用的驾驶者，
应该学会由知道分子变成知识分子。
BMW 3 系西服正太的背后，
其实是一身健壮肌肉。
要享受驾驶的乐趣，
请从这里开始。

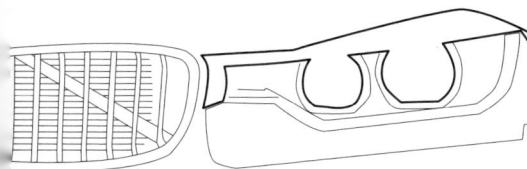

- 90%的驾驶者坐姿不正确
- 设定你的汽车
- 轮胎是驾驶乐趣的最终传递者
- 掌控好抓地力是一切驾驶的关键
- 保持理想的转差率和偏离角
- 同样是鞋，怎么穿有学问
- 读懂发动机

Seating Position

90% 的驾驶者
坐姿不正确

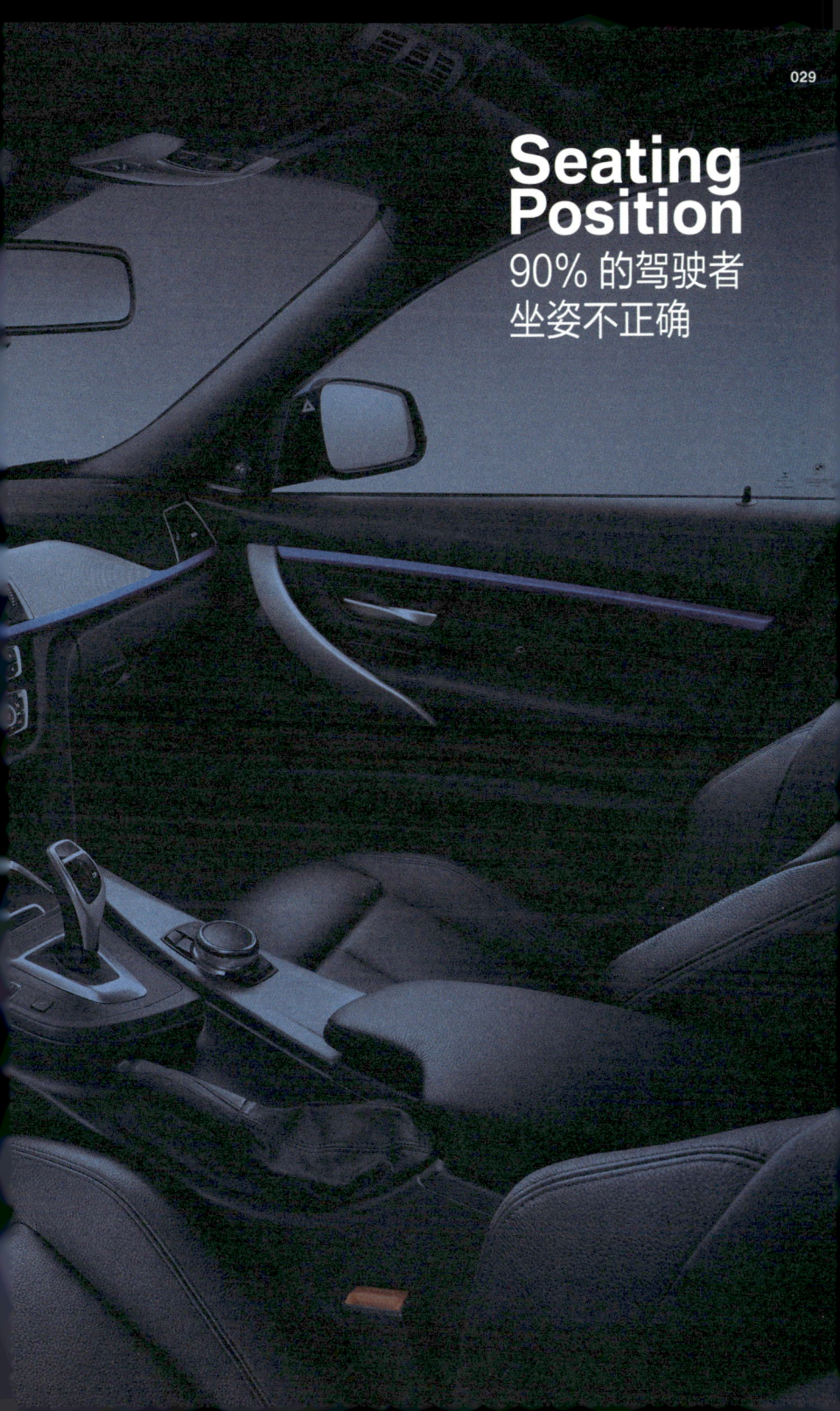

坐姿是非常重要的，这决定了你的驾驶心情和疲劳度，同时正确坐姿也保证了在紧急情况发生时驾驶者依然能使上劲去控制方向盘、油门和刹车。

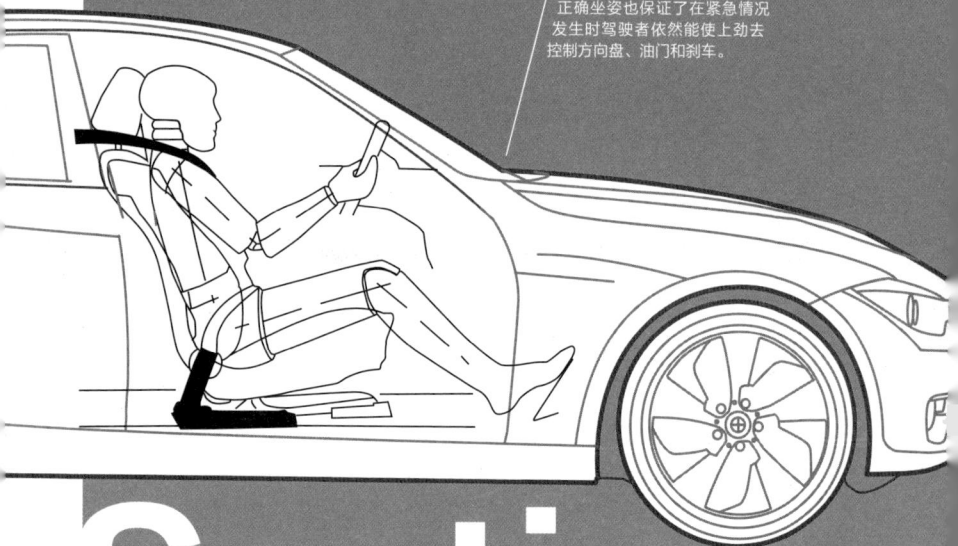

Seating Position

无论是日常驾驶还是专业性更强的驾驶，坐进 BMW 3 系的驾驶舱**调整坐姿**都至关重要。

日常生活中，几乎有**90% 的驾驶者**都忽略这一问题。

人体和座椅接触的部位（受力点）主要有头部、颈椎、肩部、腰部、臀部、手臂、腿部，除了面部、胸部和腹部，几乎涵盖**从头到脚**。

坐进驾驶位之后，首先要调节**座椅高度**，使得平视视线正好穿过前风挡中央水平线。

然后再调节座椅的前后位置，当脚放置在刹车踏板上时，使得**小腿和大腿自然弯曲**（遇到紧急制动的情况腿部很容易使上劲）。

正确的坐姿不光能够提升驾驶的舒适性，更重要的是在遇到需要紧急制动或变线的情况下，手和脚都能够同时发力，极大保障了行车安全。

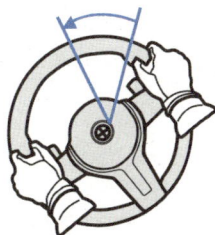

双手把握好方向盘的 3、9 点位置，这就是对方向盘操作最直接的姿势，而且这不只是赛道用的姿势，就算是平日驾驶，双手握在 3、9 点上，对方向的掌控力也会有所提高。

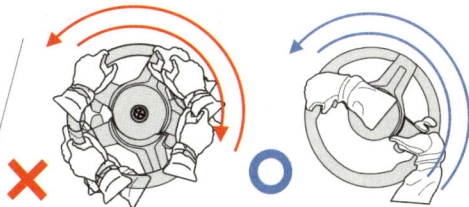

除了在城市中低速转弯、掉头等之外，几乎没有机会让我们在转动方向盘时需要换手（方向盘转动角度大于 180° 才需要换手）。所以平时行驶哪怕是遇到急弯也好，别因为转动方向盘角度较大时就急着换手，不妨再扭深一点，不然换手后发觉转动的角度过大再调整时就会手忙脚乱。

Settings
设定你的汽车

对于 BMW 3 系而言，最大的成就感在于削尖了脑袋去减少人与车之间**沟通**的延迟。

为了引导诸君进入驾驶王国，我们将对车辆设定的基础知识进行讲解。

只要我们有足够的掌控力度，解除这些电子系统就能够让我们在 BMW 3 系身上获得更大限度的**驾驶乐趣**。

Eco Pro

最经济的模式：几乎将每一滴汽油的价值挖掘干净，提倡以柔克刚的驾驶，油门和变速箱的反应都慢半拍，在尽享丝滑的同时把油耗降下来。

Comfort

路人模式：刚拿驾照的人最适合不过了，任何环节都以"呆"示人，给油就走，收油就慢，人与车之间的沟通节奏大致相当于相声里的逗哏和捧哏。

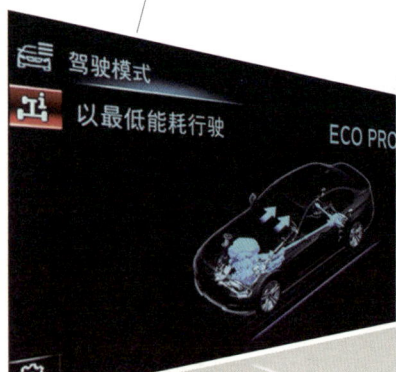

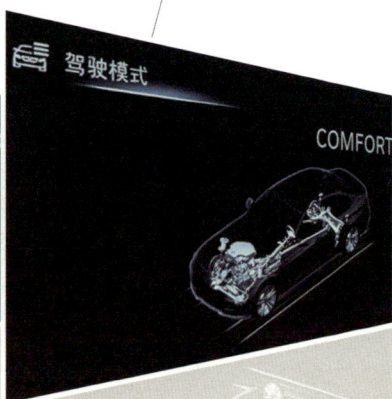

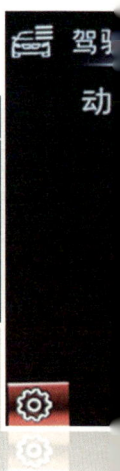

驾驶模式的选择：看菜吃饭，众口不再难调

牵引力控制系统 TCS（Traction Control System）：各个厂家都有自己专门的 TCS 系统，如奔驰的这套系统名为 ASR，宝马为 **DTC**；其设定目的是为了最高效率地将发动机扭力释放到驱动轮。

车身稳定干预系统 ESP（Electronic Stability Program）：牵引力控制系统联合 ABS 防抱死系统组成的复杂电子稳定系统，设定目的是为了让驾驶者能在极限状态下**保持车辆稳定的行驶姿态**。

宝马自 2010 年发布**全球首台**带有"EfficientDynamics（高效动力）"科技的 320d 轿车以来，让世人见识了"更少燃油，更多动力"的奇迹诞生过程。

如今，运动轿车之王——BMW 3 系在迎来 F30 世代之后，更**先进**的驾驶体验控制系统设定已经到来，它具备了 4 种模式，分别为：Eco Pro（新增）、Comfort、Sport 与 Sport+。

Sport
不安分模式：油门变速箱处于兴奋状态，给油就窜，转向指哪儿去哪儿，入门操控首选设置！

Sport+
极其不安分模式：除了拥有敏捷的油门变速箱响应，连车身稳定系统也呈关闭状态，仅保留 DTC 牵引力控制，有一定危险性！

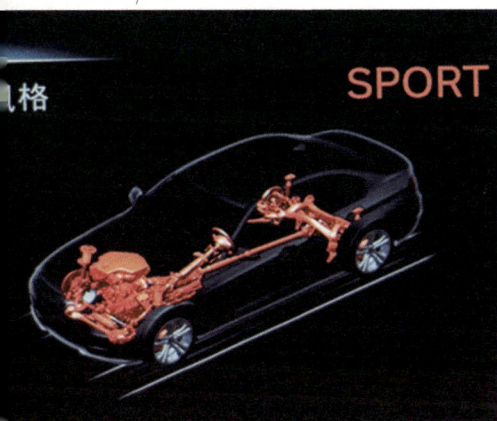

SPORT

驾驶模式
动感驾驶风格行驶稳定性受限

SPORT+

Driving Experience Control

变速箱的设定：自动变速箱高效高智能已成主流

在相当长的一段时期，自动变速箱根本无法满足驾驶者对动力传输**随传随到**的需求。

随着科技的进步，各种**先进结构**以及用电子程序来控制的自动变速箱相继诞生。

以宝马为例，家族全系均主推 ZF 公司的 8HP 八速 AT 变速箱，其运动模式下的换挡速度也已经达到 **100 毫秒**。而且在急加速时，**可直接从 8 挡降至 2 挡**，保障充沛的动力输出。

以现款 BMW 3 系为例，变速箱的设定也非常多样化，除了日常模式的 D 挡，还让驾驶者在 S 挡模式下能**更精确**地指挥变速箱。

根据您的驾驶需求，配置合理的车辆状态以及变速箱模式，这对 Sheer Driving Pleasure（纯粹驾驶乐趣）相当重要！

ntelligent
Transmission

P

P R N D
M/S – D +
⊳P

SP
ECO PRO

P/▮

MEDIA
MENU
TEL
MAP

BACK
OPTION

Driving Pleasure Comes from Tyres
轮胎是驾驶乐趣的最终传递者

汽车在行驶中，依靠四个轮胎和地面产生摩擦力驱动，一般来说，轿车每只轮胎和地面接触的面积为 **0.05 平方米**，因此轮胎的性能表现对行驶质量的影响至关重要！

胎宽

BIG	触地面积大，抓地性更好；转向更迟钝，油耗增加。
SMALL	行驶阻力降低，转向变灵敏；抓地力降低，高速过弯性能降低。

扁平比

BIG	胎更薄，舒适性受影响；转向指令更直接。
SMALL	胎厚能提升一定缓震性能；转向会变得比之前稍迟钝。

胎直径

	关系到底盘离地高度，对油耗和操控影响不明显。

注：一般而言，越大的轮胎，胎宽也会随之增大，因此不能单纯地根据上表的机械规律去更换轮胎，要想获得满足自己需求的轮胎，应该综合考虑轮胎的各项规格参数。

205/40/16 205mm/40%/16″

205mm

40% of 205mm

16 Inches

轮胎承担的任务
（1）承受汽车**负荷**；
（2）为传递驱动力和制动力提供足够的附着力；
（3）为**改变和保持汽车行驶方向**提供足够的转向操纵性能和方向稳定性能；
（4）与汽车悬挂系统共同缓冲来自路面的冲击，并衰减由冲击产生的震动，以保证汽车良好的行驶平顺性和**乘坐舒适性**。

轮胎速度标识

N
最大时速 :140km/h
常用车胎 : 备用胎 Spare Tires

P
最大时速 :150km/h
常用车胎 : 备用胎 Spare Tires

Q
最大时速 :160km/h
常用车胎 : 雪胎,轻型卡车胎
Winter,LT Tires

R
最大时速 :170km/h
常用车胎 : 轻型卡车胎 LT Tires

S
最大时速 :180km/h

T
最大时速 :190km/h

U
最大时速 :200km/h

H
最大时速 :210km/h
常用车型 : 运动型轿车 Sports Sedans

V
最大时速 :240km/h
常用车型 : 跑车 Sports Cars

Z
最大时速 :240km/h 或大于 240km/h
常用车型 : 跑车 Sports Cars

W
最大时速 :270km/h
常用车型 : 特型跑车
Exotic Sports Cars

Y
最大时速 :300km/h
常用车型 : 特型跑车
Exotic Sports Cars

注 : ①较常见轮胎速度标识为 : P,S,T,H ②如轮胎无速度标识,除非另有说明,一般认为最大安全速度为 120km/h

Control the

掌控好抓地力是一切驾驶的关键

以高性能著称的 BMW 3 系轿车，采用混合纹路的**防爆胎**，无论是横向还是纵向，轮胎都能提供强有力的抓地性能。

提倡 Sheer Driving Pleasure 的宝马，多以**后轮驱动**形式搭载于旗下高性能车款。

此外，熟知宝马的朋友应该都知道，宝马旗下绝大部分的车辆都苛刻的遵守车辆**前后 50：50 的配重设计**，哪怕是 1 系这种入门级轿车也是如此。

从追求操控的角度而言，宝马的确有它的独到之处，让众人爱不释手亦在情理之中。

无论是转向不足还是转向过度，一旦发生，首先要做的是减速，收油切忌彻底松开油门踏板，在松开油门的操作上尽量做到"始终能**保持一定动力传输到驱动轮**"。

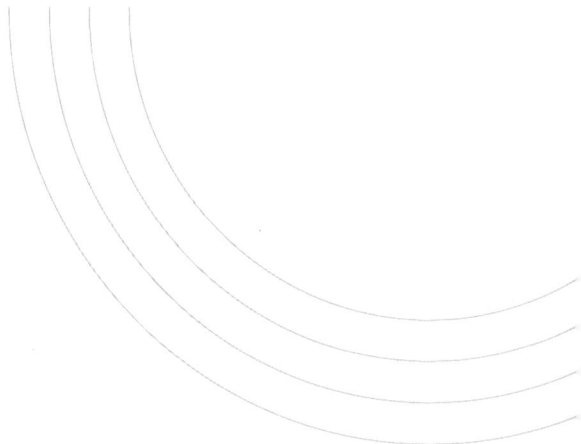

条形花纹

形状　花纹沿圆周展开链接在一起（纵纹）

特征　有较好的操控稳定性；滚动阻力较低；噪音低；排水性好；防侧滑，转向稳定性优异。

横向花纹

形状　横向切割的花纹（横纹）

特征　有出色的驱动力和制动力；强大的牵引力；具有优异的耐刺垫伤性。

Grip

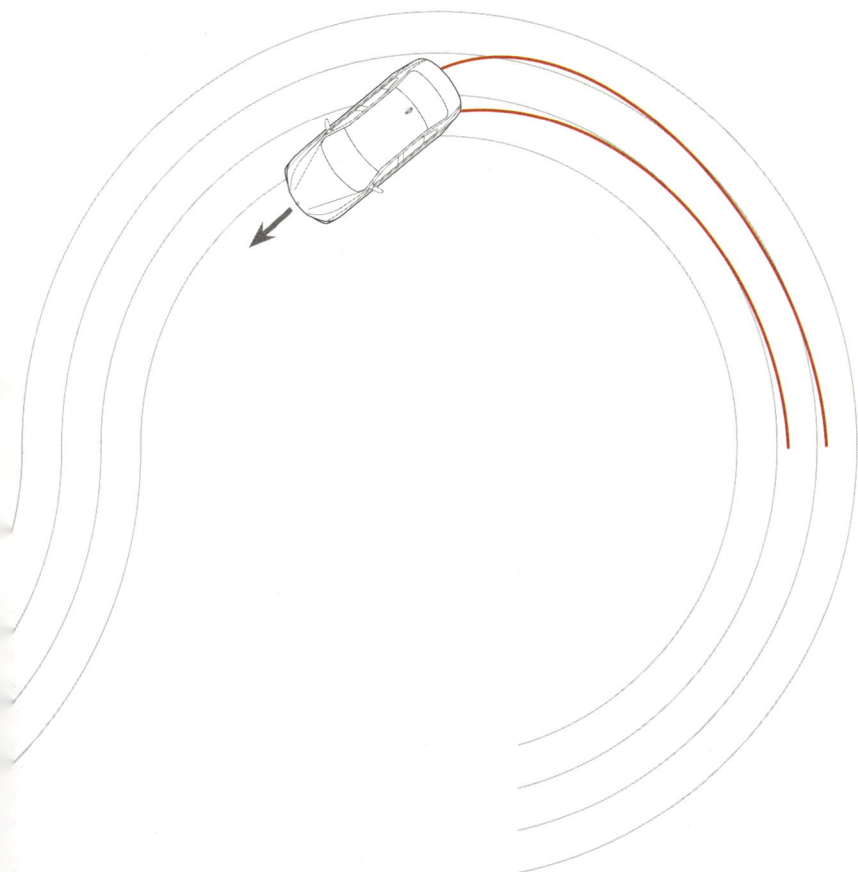

混合花纹

形状　横纹和纵纹结合的花纹

特征　纵纹提高转向稳定性并有助于
　　　防止侧滑；横纹改善了制动力、
　　　驱动力及牵引力。

越野花纹

形状　由独立的块组成的花纹

特征　出色的制动力和驱动力；
　　　在雪地和泥泞路面上具有
　　　良好的转向稳定性。

Slip Ratio and Deviation Angle
保持理想的转差率和偏离角

无论是抓地力多么好的轮胎，驾驶者都不可能做到**零转差率**，
这里我们先来解释一下什么是转差率。

例如轮胎周长是 2 米，驾驶者驱动车辆前进使得车轮旋转一圈，
所行驶过的路程恰好是 2 米的话，那么**转差率 =0**。

而实际的驾驶中，由于制动或强力加速，
会导致轮胎旋转一圈时车辆行驶的距离超过 2 米或者达不到 2 米，
如轮胎旋转一周，车辆只行进了 1 米，转差率 =50%。

科学研究表明，转差率在 **10%~15%** 的范围内轮胎可以获得理想的**抓地力**，
当转差率超出 15%，抓地力呈极速衰减的状态。

而对于轮胎而言，摩擦力并非只有前后两个方向，在过弯时，
轮胎往往还要提供**左右两个方向的摩擦力**。

当驾驶者转动方向盘时，车轮转动的方向与车辆前进的方向所成的夹角成为**偏离角**。

当偏离角保持在 8~10° 时，轮胎可提供最大的横向抓地力。

偏离角继续增大时，抓地力就开始下降。

对于初学者而言，很难发现转向时偏离角对轮胎抓地力产生的影响，
但也可以通过轮胎和地面发出的**撕咬声**来做简单的判断。

离心力

偏离角

前进方向

转向力

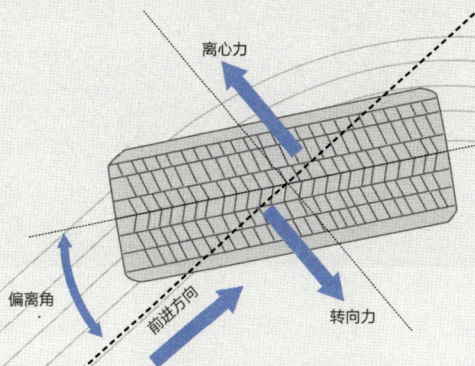

车辆过弯时的转向角度会小于轮胎的
转向角度，转向角度与车辆行驶角度
间的差异被称为偏离角，当偏离角为
10°左右时能提供最大抓地力。

转差率超出 15% 后
的实际前进路线

指向行走路线

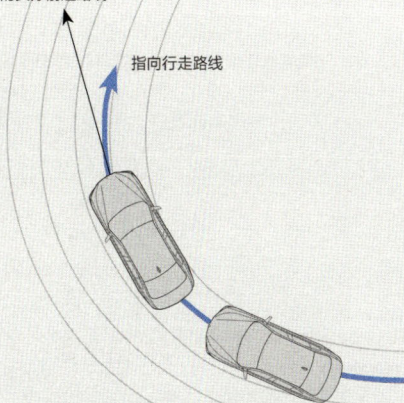

Tire position

同样是鞋，怎么穿有学问

我们已经讨论了轮胎和抓地力的诸多问题，接下来我们再看看车轮姿态对行驶的影响。日常生活中，我们常常认为汽车的四个车轮都是垂直于地面安装，而事实并非如此，这里我们要引入束角和倾角的概念。

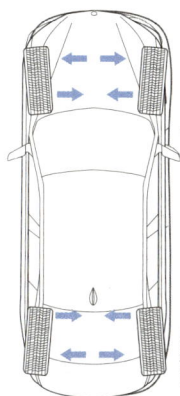

前轮外束角

前轮外束角

后轮内束角
整车的前轴响应相对不灵敏，同时也会出现转向不足。

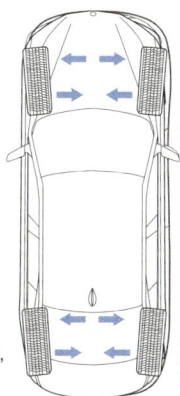

后轮外束角
前轴反应相对不灵敏，整车容易出现转向过度。

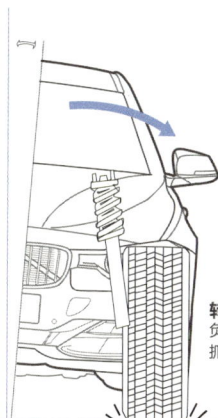

转弯时车身晃动状况
负外倾角会在转弯时提升抓地力

通过上面的叙述，我们可以得知，车辆性能的高低与诸多单元的设计和设定有关，轮胎起到的是决定性作用，因为它直接和路面发生关系。

Talk with Your Engine

读懂发动机

宝马拥有世界上最好的直列六缸发动机，这不仅是对宝马发动机的肯定，更是对宝马坚持的赞赏，不论是早期的直列六缸自然吸气年代还是现今的直列四缸涡轮增压风潮，没有喘息和停顿，轻易逼近红线区的充沛顺畅的动力输出畅快感受，或许仅有宝马一家能够提供。

3.0T
N55发动机

以宝马近年主流的 3.0T 直列六缸发动机 N55 为例，它是宝马公司在 2009 年推出的单涡轮双涡管技术发动机，此前在 2006 年宝马已经推出了双涡轮技术代号 N54 的发动机并连续 5 年获得国际引擎大奖。

2009 年推出的 N55 独辟蹊径地采用了 1 个涡轮 +2 个涡管的设计，这在当时是前所未见的。

比 N54 少一个涡轮增压器的 N55 在动力输出特性方面并没有退步，反而具备了自己更独特的优势：结构比 N54 简化很多，但性能表现更佳（包括耗油量等环保性能）；重新启用并升级独门的 Valvetronic 气门无级升程系统（第三代）；单涡轮双涡管的设计取代 N54 双轻质涡轮，取得更优秀的输出曲线。

2.0T
N20发动机

N20 发动机的出现对于宝马而言就是替代自然吸气的直列六缸发动机。
在国内我们看到的发动机主要有两种动力调校版本，其中高功率 328i 的调校达到 180kW 的功率和 350Nm 的扭矩，已经可以取代老款 330i 的直列六缸发动机的地位。
虽然功率上表现略有不足，但大扭矩的表现却取得了极大的优势。
一度宝马下至 X1，高至 X5、Z4 都装备上了这台 N20 发动机，由此可见，这台发动机的高通用性以及强大的性能表现，重点是它比直列六缸发动机质量更轻和油耗更低。

1.6T
N13发动机

涡轮增压向来就是为发动机"做减法"的一种手段，
而宝马的 N13 1.6T 发动机更是做到了极致。
这款小排量涡轮增压发动机在低转的时候就能够带来充沛且持久的扭矩输出，虽然少了点自然吸气发动机渐进而线性的动力输出。
但这款发动机重点表现的并不是性能方面，
而是为降低排放和减少油耗做准备的，
316i 就装备了调校为 100kW 的版本，
虽然最大功率与上代车型 318i 相同，
但峰值扭矩 220Nm 已经比 180Nm 多了不少。
而且从 1350 转开始就能爆发，
这是自然吸气发动机所不可比拟的。

TwinPow

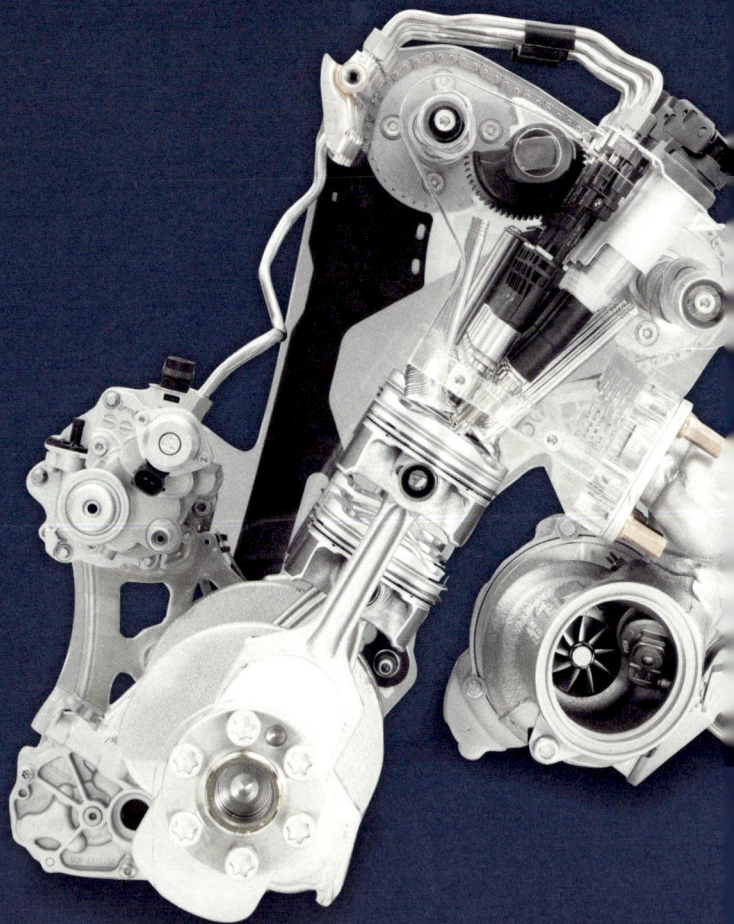

er Turbo

巴伐利亚专利

BMW 发动机之所以受万千车主爱戴,少不了独特的发动机技术加持。

之前 BMW 给人的印象是**非常专一**的,拒绝涡轮增压技术以及绝不制造前驱车型。

但如今,**趋势**已经无法逆转,尤其在**涡轮增压**发动机领域,BMW 非但没有彻底杜绝,反而发展得有声有色,甚至在涡轮增压发动机领域占有绝对的大佬地位。

TwinPower Turbo 技术是 BMW 的重要发明,如今它已深入到汽油及柴油发动机领域,从三缸到四缸,再到看家的直列六缸发动机。

BMW 的**涡轮增压专利**名称就叫 TwinPower Turbo,2006 年 BMW 发布 N54 发动机时,这是 TwinPower Turbo 的首次面世。

2009 年,BMW 公布 N55 发动机,它没有采用两个涡轮器的设计,但是 BMW 依旧叫它 TwinPower Turbo,因为它采用了全新理念的**单涡轮 + 双涡管**设计,结构更简单,性能更加出色。

TwinPower

高精度直喷系统
High-Precision Injection

系统核心要素是位于气门和火花塞之间的**压电喷油器**。

多层压电晶体喷油器的喷射口仅有**头发丝粗细**，燃烧室压力**高达 200 Bar**。指甲大小的锥形气云被**精确喷射**到火花上，并与氧气充分燃烧。

燃油可于 **0.14 毫秒**内喷射，这使得单个燃烧过程中可引入**多次燃油喷射**。

高精度电子控制系统根据发动机动力要求、运行温度和汽缸压力，精确调整喷油量和喷油时机。

与传统喷射系统相比，BMW 高精度直喷系统进一步实现了**充分燃烧**，实现了清洁与高效。

电子气门
Valvetronic

这项技术首先在 2001 年用于 316ti 轿车，如今已经发展至**第三代**。

BMW 应用 **Valvetronic 技术**的发动机也是世界上第一台没有使用节气门的发动机，以电子的方式直接控制进气阀门调整进气。

除了更加省油以外也加快了**油门响应时间**，系统对气门的升程控制是无级的。

第三代 Valvetronic 电子气门升程技术最大的特点就是带动偏心轴旋转的**伺服电机体积更小**。

+Turbo

涡轮增压技术

双涡管结构有效削弱了涡轮迟滞现象，让扭矩爆发得更早，同时还避免了低转速工况下不同汽缸排气的相互干扰。BMW 3 系主要配备的 N13、N20、N55 系列发动机的最大扭矩转速均处于 1250~1350 转 / 分，无论何种交通状况，这一特性都能保证驾驶者自由支配充足的动力。

较大的气道引导气流吹向涡轮叶片外边缘，使涡轮旋转速度更快

双涡管

较小的气道引导气流吹向涡轮叶片内侧

提高涡轮的响应速度

双涡管技术实现了高功率和快速响应

两对汽缸的尾气经过各自独立的螺旋通道进入涡轮

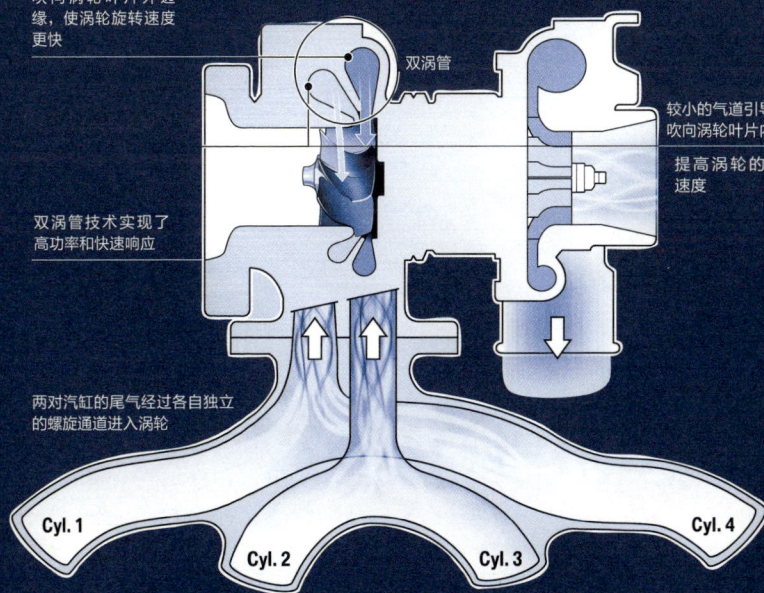

Cyl. 1

Cyl. 2

Cyl. 3

Cyl. 4

第三章　**进阶驾驶技巧**

征服弯道代表的是一种进阶的渴望，
是理性和血性的博弈，
在激烈的争执中寻找最适合自己的乐趣。

The Circle o
Kamm

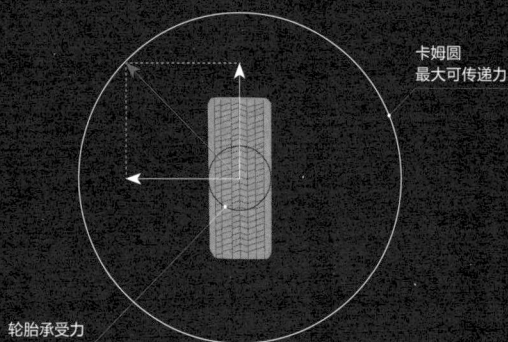

卡姆圆
最大可传递力

轮胎承受力

轮胎受力的情况：
轮胎受力位于卡姆圆范围内，车辆稳定。

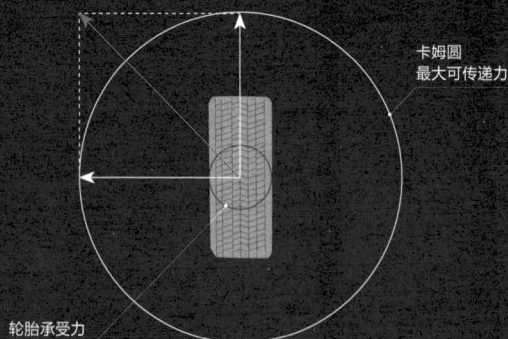

卡姆圆
最大可传递力

轮胎承受力

轮胎受力的情况：
超过了卡姆圆范围，车辆会失去平衡。

那个叫卡姆的圆

无论是车辆的加速、刹车还是转向，都和轮胎的**附着力**密切相关，一旦轮胎失去了附着力，就意味着失控。

想象以轮胎为中心、以抓地力极限为半径画出一个圆形，这个圆就叫作**卡姆圆**（也叫抓地力圆或者摩擦力圆），代表着一条轮胎的**最大可传递力**，其横坐标是离心力（转向力），纵坐标为摩擦力（加速和减速力）。

车辆为单一前进方向时，只受到**摩擦力**影响，而在转向时则加入了**离心力**，摩擦力和离心力的合力只要不超出卡姆圆的半径范围，车辆安然无恙。

而如果摩擦力和离心力均处于卡姆圆的**临界点**上，看似并没有超出**卡姆圆**的范围，但实际上，两者的合力已经超出卡姆圆范围，那么车辆照样会失控。

当合力超出卡姆圆范围，该如何处理呢？最简单的方法是**稍微回正方向盘**和**降低速度**，将合力降至**安全范围**之内。

附着力影响着卡姆圆的大小

卡姆圆的**半径也与路面状况有关**。路面附着力越好，卡姆圆半径越大；反之，附着力越差，卡姆圆半径越小。

附着力的大小是**车重与路面附着系数的乘积**，这是对整部汽车而言的。如果对一个车轮而言，那么该车轮的附着力应为：该车轮所受地面垂直反作用力乘路面附着系数。

汽车行驶时地面对驱动车轮产生的推力，制动时地面对汽车产生的地面制动力，转向时汽车得以按预定轨迹达到转向要求的地面侧向反作用力都得靠**附着力**提供。

各种路面的**附着系数**各不相同，同种路面有水时附着系数会降低。

各种路面的平均附着系数

峰值附着系数 **0.8~0.9**
滑动附着系数 0.75

0.5~0.7
0.45~0.6

0.7
0.6

0.6
0.56

沥青或混凝土（干）　　　　沥青（湿）　　　　混凝土（湿）　　　　砾石

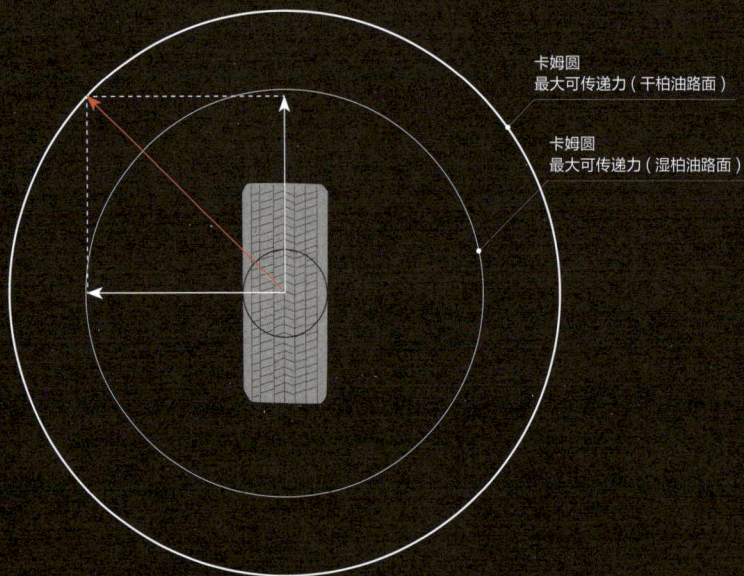

卡姆圆
最大可传递力（干柏油路面）

卡姆圆
最大可传递力（湿柏油路面）

0.7
0.65

0.55
0.4~0.5

0.2
0.15

0.1
0.07

土路（干）　　　　　　土路（湿）　　　　　　雪（压紧）　　　　　　冰

Under

你的转向足不足?

转弯过程中，有两个与转向有关的名词与我们息息相关——**转向不足和转向过度**，我们可以拿出第二个圆——**稳态定圆**，来研究一下转向不足和转向过度的情况。

在理想的情况下，以**一定角度和速度**行驶的车辆会维持**稳定的半径**画出一个圆圈，这就是稳态定圆。

如果我们慢慢提升速度，让前轮的**力矩变小**，那车的**旋转半径**就会随着速度的提升而**扩大**，如果要维持稳态定圆，那就要继续**增加转向角**；相反，如果前轮的**力矩变大**，那转向半径会因**速度提升而变小**，那就要**缩小转向角**。

前一种情况，就是**转向不足**（Under Steer），而后一种情况就是**转向过度**（Over Steer），而旋转半径与速度的增减无关，维持一定数值的情况，则为**转向适中**（Nature Steer）。

无论转向不足还是转向过度，最简单有效的处理方法都是**一脚重刹**，直到车辆停止。

BMW 3 系配备的 **CBC 弯道制动控制**、**EBD 电子制动力分配和 DBC 动态制动控制**等系统会最大限度帮助驾驶者。当然，转向不足和转向过度也是可以修正的。

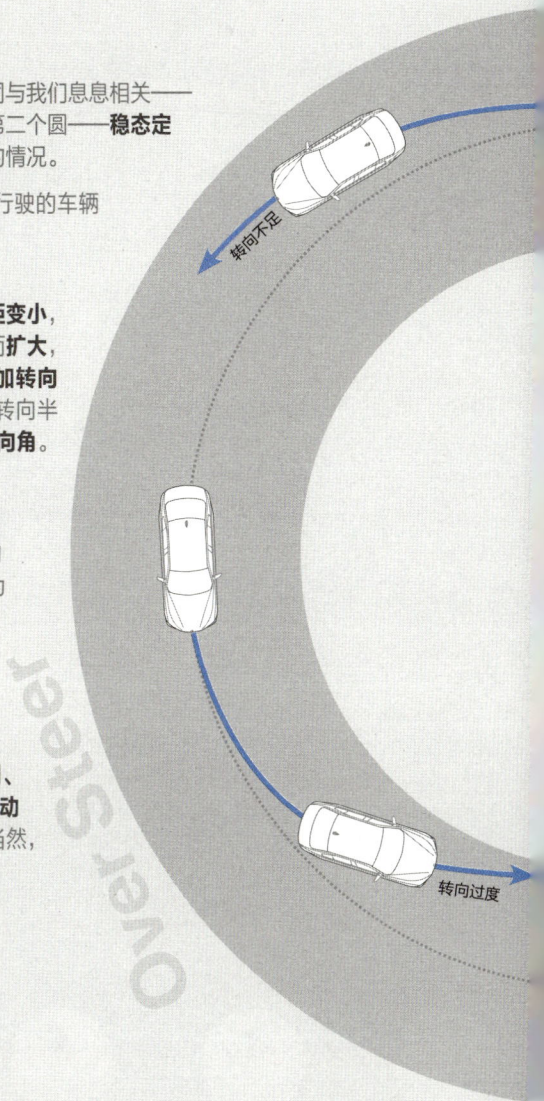

转向不足

Over Steer

转向过度

teer

转向时为了获得附着力，需要**降低速度**，在降低速度的阶段，也是**载荷的转移**过程，可将更多载荷**转移至前轮**，以增加前轮的附着力。

如果减速的幅度太大，前轮**载荷过高**，也会让合力**超过**卡姆圆半径，此时很容易造成转向不足，因此，稍微辅以**转向角度的回正**，效果会更好。

转向过度相比转向不足更难修正，驾驶者很容易因为恐慌而**完全松开油门**，这时载荷会大量集中在车头，导致后轮获得的**抓地力会更低**，加之因转向过度而自然而然地**方向反打**，会导致车辆出现反甩尾。

正确的处理方法是**缓和地抬起油门**，同时**减少方向的反打**，直至后轮完全恢复抓地力。

造成转向不足和转向过度的原因有很多，核心原因就是车辆**前后轮载荷失衡**。

而 BMW 3 系均为前后 **50：50 重量分布**，天生的优势，让 3 系在过弯时的状态更为稳定，就算因为操作不当而造成转向不足和转向过度也能更容易修正。

同时，3 系的刹车油门响应都非常敏感，让驾驶者能更为精准地处理，只需控制好**载荷的转移**，便能避免转向不足和转向过度。

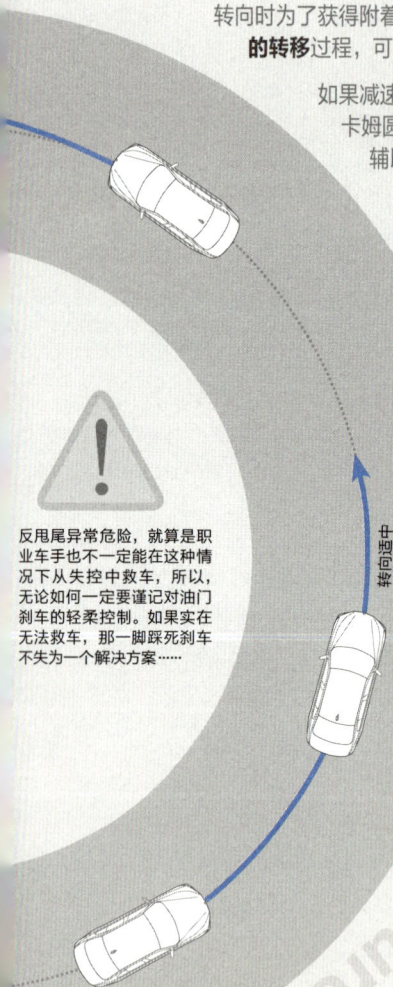

⚠ 反甩尾异常危险，就算是职业车手也不一定能在这种情况下从失控中救车，所以，无论如何一定要谨记对油门刹车的轻柔控制。如果实在无法救车，那一脚踩死刹车不失为一个解决方案⋯⋯

转向适中

Nature Steer

1

紧贴内弯的线路，路程固然是最短的，但随之而来的是较小的转弯半径，这意味着你的弯速必须降低。

2

对比之下可以看出 Out-In-Out 的过弯线路半径更大，换言之，这条路线的弧度更缓，你的车速便可随之增加。

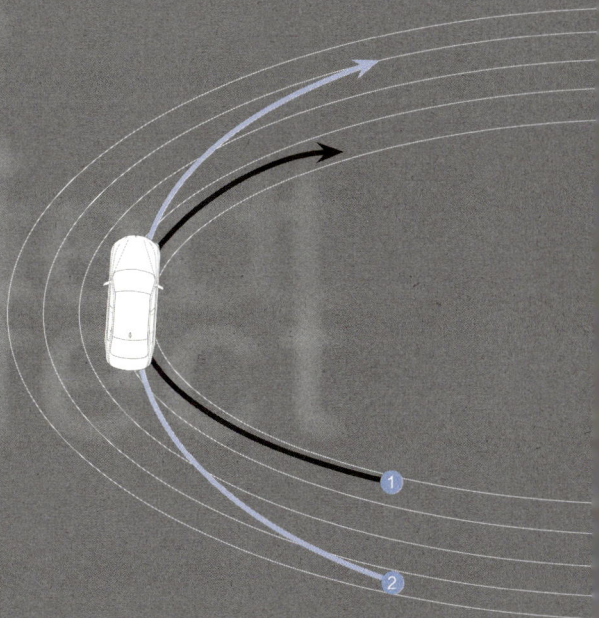

Out-In-Out，不知你就 Out 了

按照**卡姆圆理论**，如果我们紧贴内弯行走的话，那么就要求车辆要以**更小的转弯半径**通过弯道，也就是说，转动方向盘的角度要更大，**过弯速度**就要更低，也影响**出弯速度**。

为了保证速度，那就要将过弯的路线尽量拉成弧度更小的弧线，甚至是直线，以获取更高的**轮胎附着力**，如此一来，速度更高，用时更短。

一般来说，理论意义上的弯心点就是 Out-In-Out 路线的 Apex，多数情况下，过了 Apex 便可**踩下油门加速**。

3

这种线路称为 Early Apex，也就是提前弯心路线。这种路线以牺牲出弯速度换取入弯速度，无助于提高你的圈速，但却可以有效地抢占内线形成超车，常见于汽车赛事的近身缠斗当中。

4

标准的 Out-In-Out 过弯线路是理想状况下的首选，进弯速度要在弯中速度和出弯速度的取舍上充分平衡。

5

与 Early Apex 刚好完全相反的 Late Apex 路线，让车子充分减速并延迟入弯，从而获得更直的出弯线路，你就可以更早地加油出弯。如果弯道后面接着一条很长的直道，这种过弯路线能够提升你的圈速。

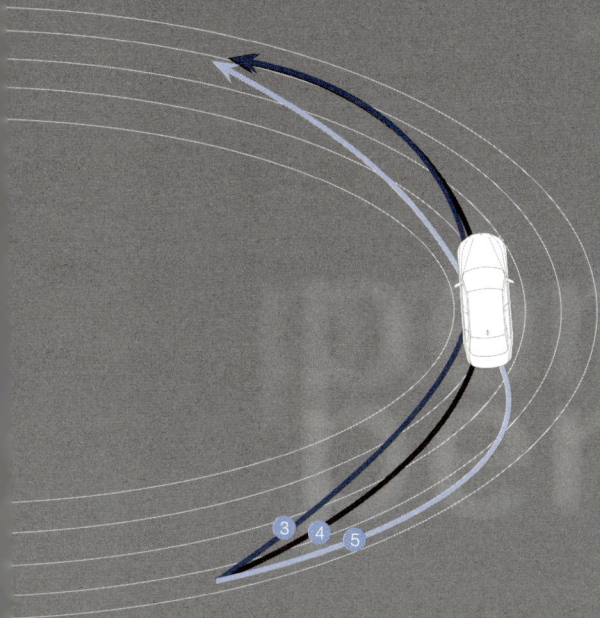

并不是所有的弯位都能让车手将车切入弯心点，那线路中**最靠近弯心**的那个点就可以被认为是 Apex，这条线路可以让车子以最高的速度通过弯位，那就是理论上的**最佳线路**。

Anyway

请谨记**慢入快出**，充分的减速更有利于车手选择行车线，在弯中不容易损失附着力。

别担心你会慢太多，因为你有更大的**宽容度**去选择行车线，也有更大的空间来**提早加速**，所以过弯速度一点都不慢！

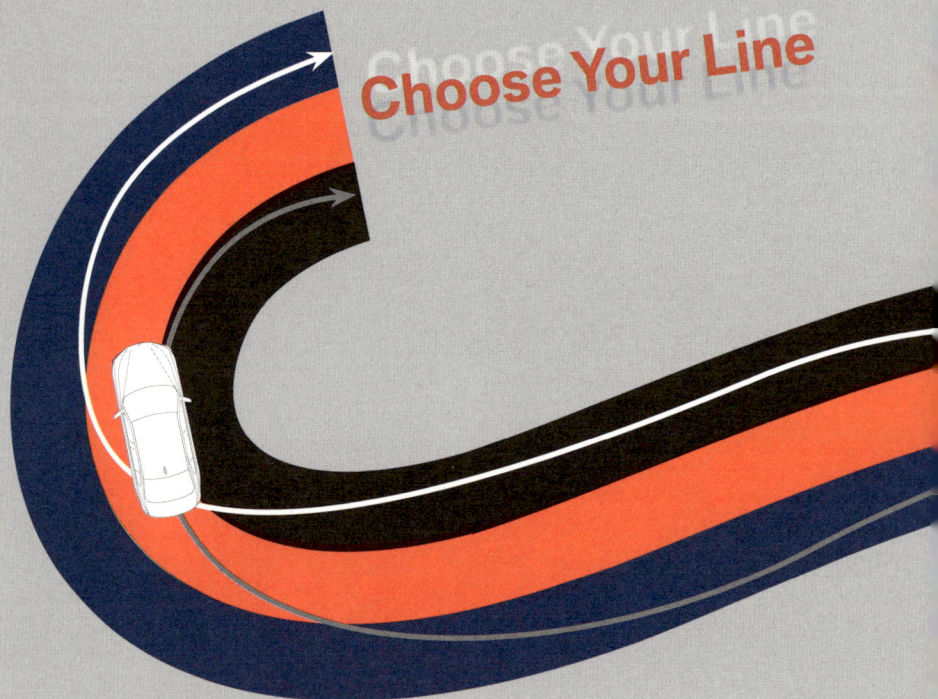

Choose Your Line

线路选择技巧

至于如何选取线路，可以用经济学的成本收益来解答，比如同样在上海国际赛车场的 F1 赛道，M3 与 M6 的**走线**就有着明显的区别。

M6 因为**动力**和**制动**性能都更强，所以可以大力制动**并迅速切入弯心**，以较大的转向角完成转向后，再依靠动力优势加速出弯，对于大马力跑车而言，这条线路**短而迅速**。

路肩不仅考验着车辆的悬挂调校，也考验着车手的技术与胆识，通常，压 S 弯的路肩可以获得更快的弯中速度。

而对于 M3，则会选择更**平滑的过弯线路**，虽然线路较长，但可以保持车辆在弯中的速度，以此来平衡动力和制动性能的劣势。

在雨天，标准的赛车线会变得**非常危险**，因为长期碾压，赛车线的沥青缝隙中会残留有大量的轮胎橡胶。干地情况下，这些橡胶有助于增加轮胎的抓地力，而湿地情况下，**橡胶遇水会变得很滑**。另外，大部分弯心都是其所在弯道的**低洼处**，因此积水也会比较严重。所以，雨天的走线依据是"**安全第一**"。

在赛车比赛中，我们经常看到车手会压上路肩以获得更佳的行车线，但并不是所有路肩都是可以压的，有些较高的路肩会使赛车剧烈**颠簸**，甚至发生弹跳。

车轮离地意味着失去**指向能力和牵引力**，轻则损失时间，重则失控。

DSC 是个好伙伴

BMW 的**动态稳定控制系统**（Dynamic Stability Control,简称 DSC）允许多级控制，在保证一定安全的前提下，让驾驶者充分享受**驾驶乐趣**。

在 **Sport 模式下**，BMW 3 系的发动机与变速箱响应会**更为激进**，以满足驾驶者的运动需求。

Sport+ 模式允许更大幅度的**后轮打滑**，而从之前的章节可以了解到，作为后轮驱动的 BMW 3 系，在过弯时的后轮打滑意味着转向过度，而受控的转向过度便是漂移。

在 DSC 程序设定参数里，只允许一定的**打滑圈数**，一旦超过，DSC 一样会控制油门及指定车轮的制动来稳定车身，对于很多初学者来说，Sport+ 模式能在**相对安全**的情况下感受操控的临界状态。

多数动态稳定系统都以防患于未然为宗旨，因此在过弯时，车轮稍有打滑，动态稳定程序就会强行纠正，而无法做到以更极限的速度过弯。

而 BMW 3 系 DSC 系统的 Sport+ 模式允许**一定程度内的侧滑**，所以驾驶者可以以**更激进的姿态过弯**而不需担心 DSC 过早介入而造成"越帮越忙"的情况。

跑鞋都很轻，这是常识
The Lighter, the Better

鞋子越轻，意味着你双脚那部分的自重越低，**负担自然也越少**。这条道理放到汽车上也是通用的，只不过我们将它叫作非簧载质量，或是簧下质量。

簧上质量指的是避震弹簧上方所承受的重量，基本是指车体重量；而**簧下质量**显而易见是指避震弹簧下方承受的重量，这包括了避震器的桶身、车辆悬挂部件、轮圈、轮胎、刹车碟、刹车卡钳等。

避震器需要做出非常**迅速的动作**，随着路面的凹凸而拉伸、压缩，一起一伏之间把路面带来的冲击**化作无形**。

然而不幸地，簧下质量正是达成这一目标的最大障碍，**重量产生惯性**，簧下质量令悬挂的摆动和避震的伸缩产生延迟，簧下质量越大，悬挂的反应就越迟钝。

目前世界上很多汽车都是选用**铝合金轮圈**，铝合金轮圈比起钢制轮圈具有更轻的自重，从而令簧下质量有所下降。

小贴士

由于制作工艺上的差别，锻造能比铸造用更轻的质量达成同样的强度，所以锻造铝合金轮圈比铸造铝合金轮圈更加轻巧，但同时其价格也更加昂贵。

通过轮圈、悬挂及
制动系统的轻量化,
可有效提升车辆的
操控响应速度。

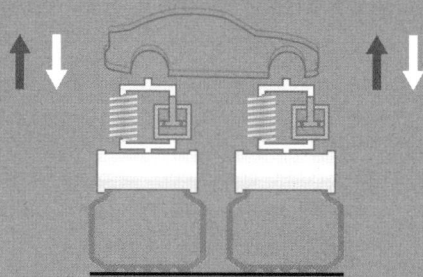

1 次共振
弹跳模式,前后悬挂朝同一方向伸缩,
车身产生弹跳。

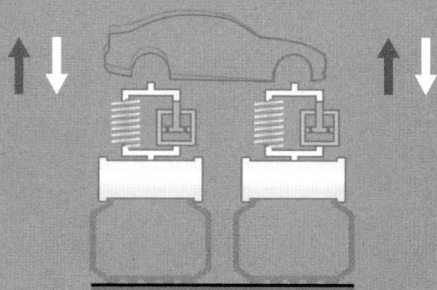

2 次共振
颠簸模式,前后悬挂朝相反方向伸缩,
车身产生颠簸。

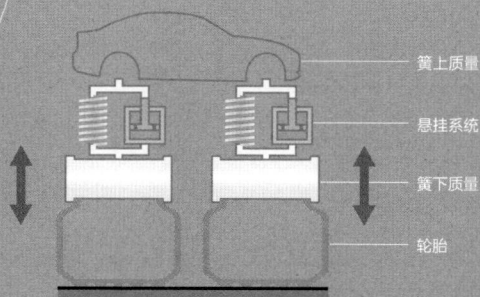

簧上质量

悬挂系统

簧下质量

轮胎

3 次与 4 次共振
簧下共振模式。

避震教你打太极

避震系统在工业化领域有如**太极拳**，用**以柔克刚**的手法，把来自路面的冲击进行缓解。

凹凸的路面总是想让轮胎离开自己，而优秀的避震系统则总是尽力把轮胎**贴着路面**。

避震系统有两个主要部件：**弹簧**和**避震器**

弹簧：将一个重物放在直立弹簧的上面然后放手，物体会做**振荡运动**，避震系统就是用这个原理来对路面的冲击**进行缓冲**。除此之外，弹簧还有维持车高的功能，是影响操控性、转向、稳定性的重要因素。

避震器：弹簧采用伸缩动作来缓冲，而避震器的任务则是**减缓和停止弹簧的伸缩**，让车体恢复平稳。因此避震器与弹簧一样影响着车辆的操控性与稳定性。

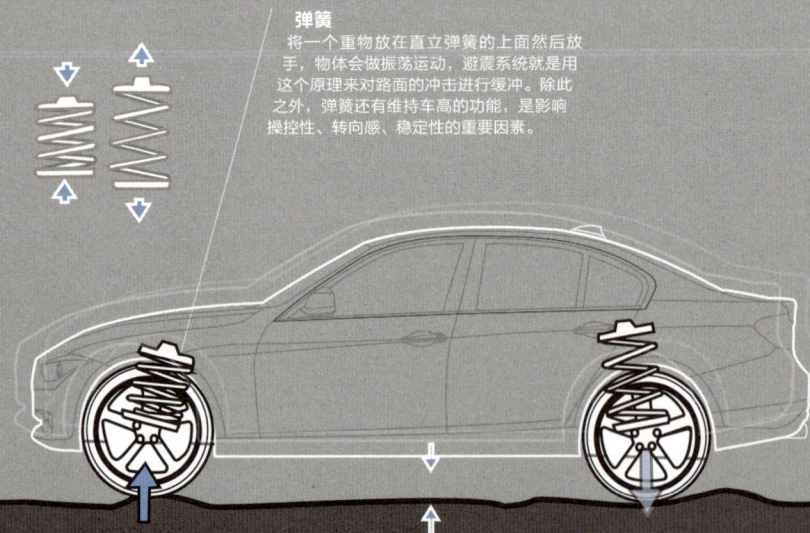

弹簧
将一个重物放在直立弹簧的上面然后放手，物体会做振荡运动，避震系统就是用这个原理来对路面的冲击进行缓冲。除此之外，弹簧还有维持车高的功能，是影响操控性、转向感、稳定性的重要因素。

Damper,
the Master of TaiChi

避震器
弹簧采用伸缩动作来缓冲，而避震器的
任务则是减缓和停止弹簧的伸缩，让车
体恢复平稳。因此避震器与弹簧一样影
响着车辆的操控性与稳定性。

一个好的避震系统是什么样的？这需要设计师、工程师根据车身的重量、前后配重比例、想要得到的行驶风格对避震系统当中弹簧的**弹性系数**（俗称 K 值）和**避震器的阻尼**大小做出合适的标定。

弹簧 K 值的设定与**车身重量**有关，K 值与重量的搭配产生出的振动频率会对车辆的行驶特性带来很大的影响。

理论上更硬的弹簧会**提升过弯性能**，但过硬的弹簧设定也有可能导致**转向不足**或**转向过度**，让车子更难控制，同时大幅降低了舒适性。

与之搭配的阻尼大小也会形成对应的**阻尼比**，阻尼比对车辆行驶时的舒适性和接地性影响极大，同时对车辆在弯中不同阶段的动态表现也有影响。

一般轿车的阻尼比约为 0.1 至 0.3，**跑车约为 0.5**，而赛车则为 0.7 左右。

请不要小看你的车上的**原厂避震**，更不要轻易地对它进行改动，
此举有可能导致适得其反的后果。

The Secret o

位移

阻尼比 >1
过阻尼

时间

位移

阻尼比 =1
临界阻尼

时间

位移

阻尼比 <1
阻尼不足

时间

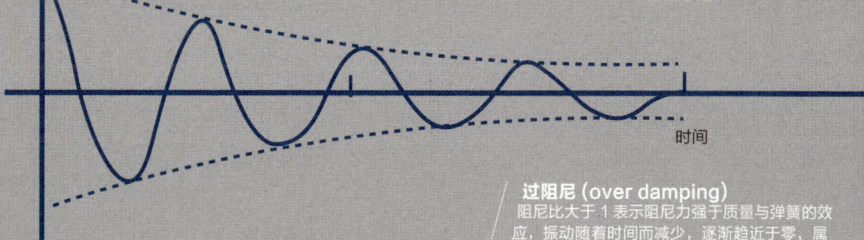

过阻尼 (over damping)
阻尼比大于 1 表示阻尼力强于质量与弹簧的效应，振动随着时间而减少，逐渐趋近于零，属于无周期运动。

临界阻尼 (critical damping)
阻尼比等于 1 表示振动与不振动的临界状态。

阻尼不足 (under damping)
阻尼比小于 1 表示阻尼力弱于质量与弹簧的效应，振幅随着时间减小，振动周期则越来越长。

阻尼比的奥秘

Damper Ratio

善用你的涡轮
Boost Your Engine

通过车厂的不懈努力，从技术上涡轮增压引擎已经可以做到相当**接近自然吸气**的平顺度；与此同时，**涡轮增压**的强悍扭矩特性亦依然保留，使得驾驶者无须时常把引擎保持着很高转速就能获得强劲的动力。

以 BMW 3 系目前广泛采用的 **N20 系列** 2.0T 引擎（245 马力高功率版本）为例，我们可以通过它的动力曲线图来获知该如何去充分发挥它的动力性能。

1250rpm 的低转速下已经可以产生 **350Nm** 最大扭矩，因此，在日常驾驶中，尽管排量仅为 2.0T，我们也不用担心发动机乏力。

在较为激烈的驾驶状态下，我们需要更为活跃的动力表现，此时应该把转速尽量保持在 **3000rpm** 以上。

由于排量所限，**高转区域**中的动力增长会有所放缓（最大马力出现在 5000rpm，最大扭矩亦持续到 5000rpm 结束），因此我们可以早一点进行**升挡**（6000rpm 之前）。

排量更大的 **N55 系列** 3.0T 引擎在高转方面有着更优秀的表现。

400Nm 峰值扭矩与 N20 发动机一样于 **5000rpm** 结束，但是马力则继续增长至 **5800rpm** 并达到 **306hp** 的峰值。

因此，我们可以在 **6500rpm** 左右才进行**升挡**，这意味着我们在加速时拥有更多的可用转速。

对应 BMW M3/M4 所搭载的 **S55B30** 发动机，550Nm 的最大扭矩平台为 1850~5550rpm。虽然爆发转速比普通 3 系晚了一些，但最大扭矩平台也相应延后。更重要的是，在最大扭矩平台的末端，发动机迎来了**峰值功率**的平台（5500~7300rpm）。

这意味着在加速时拥有更多的**可用转速**，充分表现了这台高性能发动机在高转速区间的实力。换挡转速推到 7000rpm 之后，一方面压榨着**更多的动力**，同时降挡后依旧处在**高转速区间**，继续保持强大的加速能力。

317kW/5500~7300rpm

550Nm/1850~5550rpm

225kW/5800~6000rpm

400Nm/1200~5000rpm

BMW M3/M4
S55B30

180kW/5000~6500rpm

350Nm/1250~4800rpm

BMW 335i
N55B30

BMW 328i
N20B20

BMW 不少车型的 ECU 内均集成了许多出厂时没有开启的功能，而这些隐藏了的功能可以通过专业的改装店家运用专门工具进行解锁，相当于为你的爱车增加了数项配置。通过对 ECU 程序的改写，能够提升引擎性能，让你的低输出版本引擎提升至高输出的动力水平都是有可能的。

Accurate Control of the Throttle

用脚来把弯过好

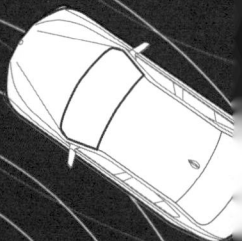

控制好油门能让你的**过弯技术**更上一层楼。

车辆在行驶中**动态载荷**的变化主要是由油门和刹车来影响的。

举个例子，在摩托车比赛中，我们会看到骑士们是通过**倾斜车体**来高速过弯的。

令摩托车倾侧之后，怎样维持想要的车速、半径、倾侧角来通过弯道？靠的是**持续地**开启油门，让车子维持 0.2G 左右的加速度，**把更多的载荷**放到后轮。

在汽车上，我们也需要通过油门来控制车辆过弯时的**姿态**。

细腻的油门控制技术需要大量的练习积累，你首先需要建立起油门动作对车身**动态影响**的感觉。

比如在安全的空地上摆放一个雪糕筒，以它为圆心设定一个半径，并要求自己驾驶着车子以尽可能高的**速度维持**着这个半径来画圈。

关闭车子的防滑系统，不断尝试当车子**逼近极限**，出现转向不足或转向过度时透过**油门控制**来稳定车子的姿态。

当你已经练就出细腻的油门控制技巧，而想要进一步提升的话，那么可以尝试学习**左脚刹车**技巧。

比如当你入弯速度稍稍过高，弯中出现转向不足时，可以维持当前油门开度或者略略抬起油门，并同时**施加一定的刹车力度**，迅速把行车线路收紧，比起单纯的松油门再踩油门要更节省时间。

经常开卡丁车无疑能让你左脚的技术进步得更快。

Have Fun
with the Stick-shift

满足征服欲的手动挡

如果你现在还拥有着一款优秀的**手动挡车型**，那么十分恭喜你，你还可以享受到自汽车诞生以来，其中一样最有乐趣的操控以及所独有的**征服感**。

科技让变速箱越来越智能和方便，而手动挡这个原始得可以说毫无智能可言的传统变速箱则有着能让驾驶者**全权控制**的优势。

在手动挡的操作上，最有名和实用的技巧莫过于**跟趾动作**，这是一个能让车子在入弯前**刹车减速**，同时又可以**顺畅地**完成**降挡**的动作。

驾驶过手动挡车的你一定有过这种体验：当你降挡时，踩下离合，把换挡杆拨低一个挡位；然后松开离合，这时车子总会出现一下**顿挫**，车头往下稍稍一沉，车速也下降了一点。

这一下顿挫是因为离合啮合时，**发动机转速**需要与低一挡位的**齿轮比**进行匹配。

假设一款车以 4 挡行驶，80km/h 车速下的引擎转速为 3000rpm，此时如果我们保持车速并降低一挡，在 3 挡时转速应该是 4000rpm，那么**离合接合瞬间**，车轮就要**把引擎的转速给带起来**，从而产生了顿挫。

而跟趾动作的目的，就是在**离合接合之前补一脚油**，主动把引擎转速提起来，使得离合接合时不产生顿挫。

由于一只手和两只脚需要几乎同时控制**挡位、刹车、油门和离合器**，因此跟趾动作要做得准确、协调还是需要大量的练习。

起初，可坐在静止的车内练习，从熟悉动作开始，特别需要注意的是补油时要**保持住刹车的力度**。

经过足够的练习后，再将车辆启动，**在行驶中练习跟趾动作**。

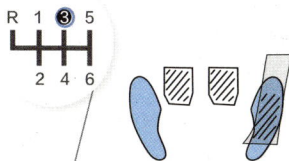

你正处于三挡行驶，并准备到达刹车点。

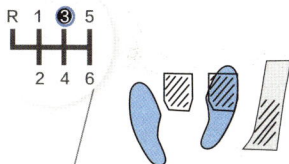

达到刹车点踩下刹车，发动机转速连同车速一同下降，准备进行降挡跟趾动作。

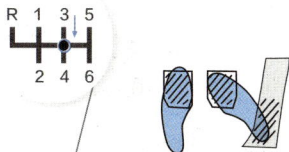

左脚踩下离合器，控制换挡杆降低一挡，同时右脚脚跟部位移动至刹车踏板进行补油动作，期间注意保持刹车力度。

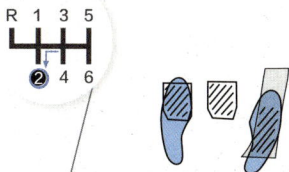

减速降挡动作完成之后迅速松开离合，右脚移回油门踏板，准备加油出弯。

Tips

为了获得更多的抓地力，可以适当降低轮胎压力，比标准胎压稍稍下降一些便可（比如下降 0.2Bar），最好是在胎温上升后再调整胎压。

安全的跑山心态

为了在山路中更安全地通过每一个弯道，我们推荐采用 Late Apex（弯心延后）的过弯路线。Late Apex 原本是赛车当中舍弃部分入弯速度而换取更高的出弯速度的过弯线路，不过用在山路上则是一个更着重于提高安全性的跑法。

采用 Late Apex 路线过弯的好处在入弯前有更充足的减速降挡空间，可以有更多的路线选择，尽量降低盲弯的影响，出弯空间更加宽松，你还可以有许多余地去躲避出弯时外侧的障碍物，比如说压过了中线的对向来车。

山路驾驶时不要挑战车辆与自己的极限，更不要为了切线而行驶到对向车道。注意把握节奏，上山、下山均保持低挡位。一来上山时保证动力充沛，二来下山时充分利用发动机制动控制车速。

Fast and Safe
论攻山的正确方法

热爱驾驶的你想必喜欢**攻山路**，**变化多端的弯角**与**地形高低落差**让山路比起场地赛道更有乐趣，同时亦更加危险。

那么，怎么样才能让我们更好地去**享受山路疾走**呢？告诉你三个最重要的秘诀，首先是**安全**，接着是**安全**，再有还是**安全**！

安全的车辆状态！

山路普遍都远离市区，因此你出发前**必须检查车辆**。

机油与冷却液的液面高度是否正常？**雨刮水**是否充足？**轮胎胎压**是否准确？有没有扎到钉子？看看轮胎的磨损指示，轮胎是否到了需要更换的程度？看看轮胎的出厂日期，会不会已经太过老旧？

一切检查妥当便可出发，不过真正到了山路上且快跑之前，还有一件事要做，就是**清理车厢**。

一些平时放在你中控台上的装饰品和小物件，如太阳眼镜、纸巾、香水座、小车模等，在激烈驾驶下有可能松脱，轻则**分散你的注意力**，重则会可能掉到地上卡住踏板之类**妨碍你驾驶**，务必注意。

享受赛道上的极致运动乐趣，
将赛道视为自我提升。
赛车看似是血性的赛事，
但深层次里是极其冷静的，
是与自己灵魂的沟通。

第四章
高阶驾驶技巧

Prepara

润滑油

日常使用的机油在**高温**状态下会变得过稀，这样的状况下机油对发动机的保护效果会大打折扣，**润滑性能下降**，对发动机寿命将会产生影响，通常为了保护发动机，上赛道在持续高速驾驶的状态下，需要更换更耐高温且保护性能更好的机油，甚至使用**赛用机油**。

不同黏度的机油有不同的工作温度，在性能车或赛车上，更需要关注机油的高温流动黏度。因为在赛道上行驶，发动机处于长期高负载工作状态，温度会更高，而更高的高温流动黏度可以让机油在高温状态下依然保持有效的润滑性能。

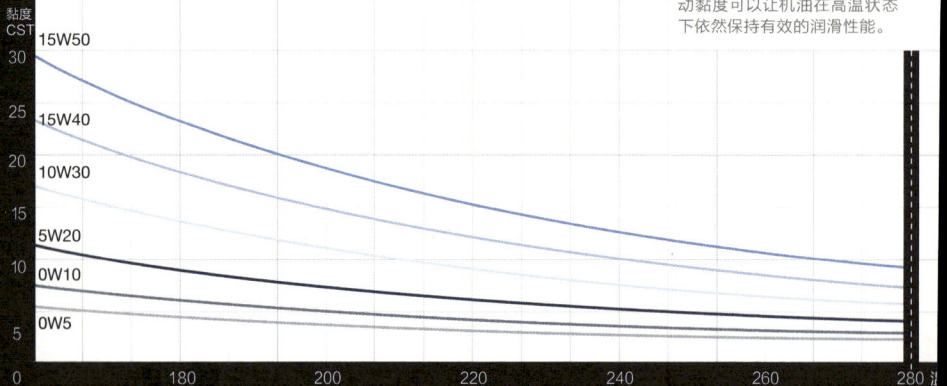

黏度
CST

30 15W50

25 15W40

20 10W30

15

10 5W20

0W10

5 0W5

0   180   200   220   240   260   280

你的赛车准备好了吗?

首先大家需要知道,在赛道上进行**极限驾驶**,会令大家的爱车随时承受着高负荷的工作状态,而这一结果带来的主要问题就是**高温**。无论轮胎、刹车、发动机,甚至避震器,都逃不开温度的困扰,因此要想征服赛道,最基本的就是解决**耐高温及散热**的问题。

作为一台**富有乐趣**的后驱车,无论是普通的 BMW 3 系乃至高性能 M3,都是可以随时进入赛道玩耍的机器,然而纵使 3 系**天赋异禀**,但赛道并不是儿戏,为了能玩得更尽兴,因而更应该注意车辆的各种状态。

tions

制动系统

刹车系统其实是更重要的环节,M3 已经配上**高性能刹车**系统,但是由于并非专门针对赛道设计,使用的刹车片以及刹车油并不适合在严苛的高温下工作,因此为了在赛道上使用,更换耐高温刹车片以及 DOT 5 以上的高温刹车油很有必要,当然还有将用于传递油压的橡胶刹车管更换为强度更高的钢喉,以避免在高强度赛道使用时出现衰退,在高速行驶下,**刹车衰退**是非常危险的状况,因此,这点尤为需要注意。

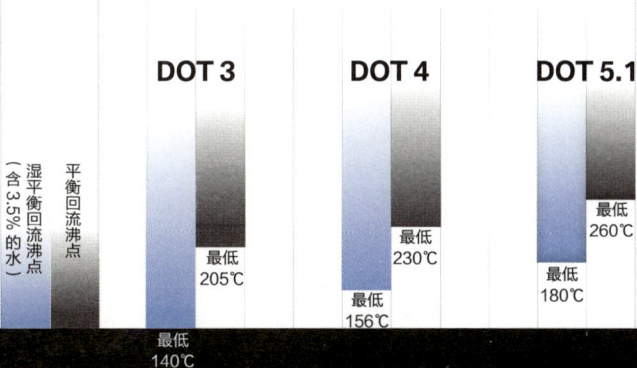

湿平衡回流沸点(含 3.5% 的水)
平衡回流沸点

DOT 3 最低 205℃ 最低 140℃

DOT 4 最低 230℃ 最低 156℃

DOT 5.1 最低 260℃ 最低 180℃

Tires, Pressure

轮胎

在条件允许的情况下，赛道驾驶要使用专用的**赛道轮胎**。而为了日常使用的需要，其实无须采用价格高昂，而且寿命较短的全热熔胎。比较推荐更换性价比高的高性能**运动轮胎**，或者是介于赛车轮胎和街胎之间的**半热熔轮胎**。轮胎的更换不但能带来更高的抓地力，更好的驾驶感受，还能具有更高的工作温度。在持续激烈过弯的情况下，轮胎容易遇到温度过高抓地力衰退的情况，就算半热熔胎或热熔胎能够承受无止境的高温，它们也是具有一个**"工作窗口"**的，指的是最佳抓地力的温度范围，过高过低都不能发挥其最佳抓地力，区别在于热熔胎的工作温度通常比街胎要高得多，因此相对**更适合赛道驾驶**。

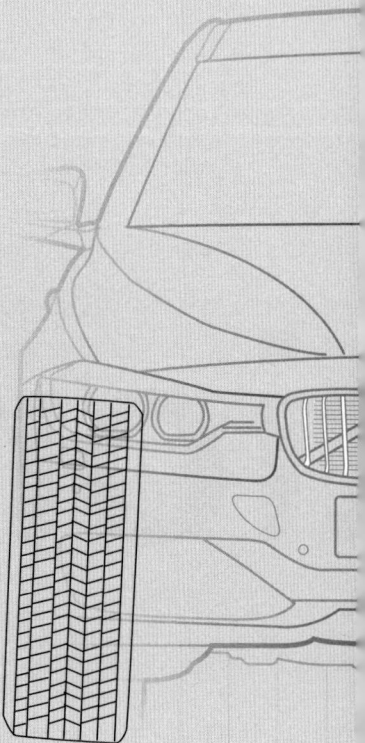

胎压

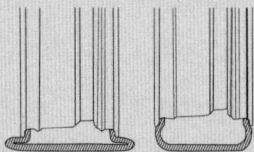

平时调整胎压，只是在冷胎的情况下进行测量和调整，但对于赛道状况，温度对胎压的影响会更为明显，而胎压又会对轮胎的抓地力产生影响。所以当进行激烈驾驶时，一定要在胎温上升后**再次对胎压进行测量和调整**。

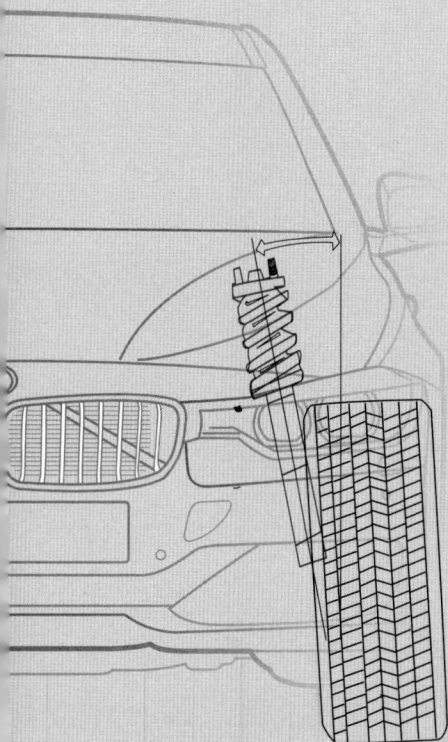

Camber

倾角

大部分车辆都不会设定太大的倾角，这样在日常使用时磨损更平均，而在赛道上，强大的 G 力会在弯道里对轮胎的外侧施加更多压力，并带来车体的侧倾，加上轮胎的扭曲变形，因此赛道上需要**增加轮胎倾角的设定来对抗 G 力的影响**，特别是前轮的部分，以获得更好的抓地力。虽然每个赛道、每款轮胎都可能有不太一样的调校需求，但一定都大于原厂设定，一般可以直接尝试前轮内倾 3 度左右的设定，而后轮则可以稍小一些，如 2 度，根据车辆平衡再进行下一步调整，不过做四轮定位并不是太方便，第一次可以先保守使用**前 3 后 2** 的倾角设定，基本可以适用于大部分车型，之后观察一次赛道驾驶后的轮胎磨损分布，再结合车辆平衡做更细致的调校。

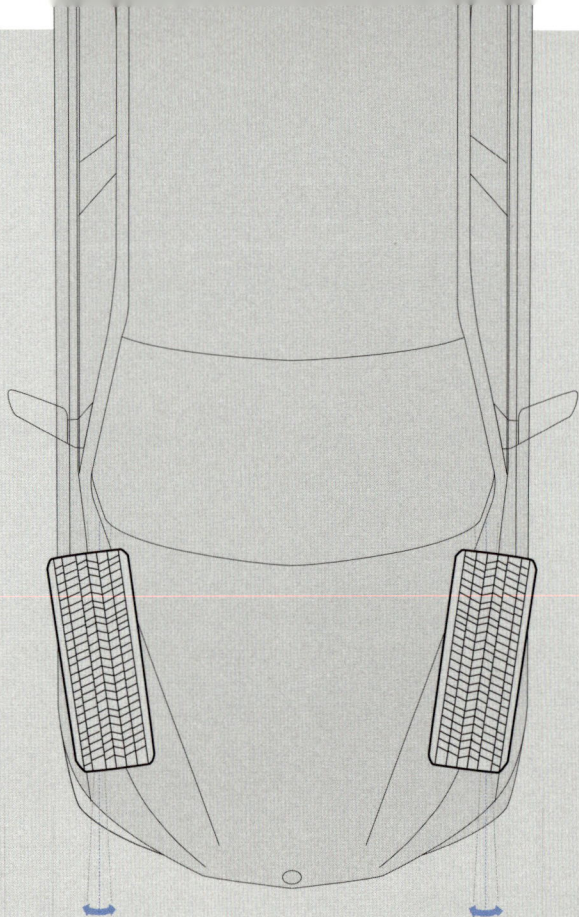

束角

关于束角，其实若非作为竞赛使用追求极致圈速，并不会
对驾驶有过大的影响。束角的主要作用是调整车辆的**循迹
性和转向响应敏感度**。常见的赛车调校通常是**前束 out，
后束 in**，这种设定入弯响应最为敏感，也能保持较好的
循迹性。不过通常束角不宜过大，控制在 **0.5° 以内**即可，
后轮的角度则可以比前轮更小一些。

Toe

Ackermann Steering Geometry

阿克曼几何

阿克曼几何是一种优化过的转向几何，我们的车辆转向时，轮胎内外侧的转角并非相同，因为当车辆过弯时，轮胎内外侧所行驶的距离和转向半径是有所不同的，所以大部分车辆会使用阿克曼几何的原理使得转向时内侧轮转动角度大于外侧轮，这样就可以使得内外侧轮胎都能更接近当前所需的转向半径。但很多赛车却有所不同，**赛车上会使用到反阿克曼几何**，其原理正好与阿克曼几何相反，内侧轮转动得比外侧轮更少，其中的原理来自于轮胎所受到的荷载不同，其最佳滑移角也会不同，通常情况是荷载越大，最佳滑移角越大，那么根据常识，过弯时外侧轮荷载大，也就需要更大的转向角度来产生大于内侧轮的滑移角以符合左右轮的弯中需求。

阿克曼几何意义在于了解车身的转弯半径，阿克曼几何角越接近车身，意味着车的转弯半径越小。在调整转向几何时，务必要注意阿克曼几何角。

避震器的弹簧和阻尼

避震器的设定对于赛道操控而言起着举足轻重的作用，通常赛道发烧友都会为自己的爱车装配接近赛用级别的避震系统。而**越高级的避震器能提供的可调性也越强**。通常避震器的调整要先根据**弹簧系统**来考量，而弹簧主要的作用是支撑车架，因此弹簧系数通常跟车体的重量有一定关系，越高的车重需要越高的弹簧系数来支撑。还需要了解的是，同样的车体重量，不同的避震行程，也可能需要用到不同的弹簧系数。弹簧系数的数值，是指压缩弹簧 1 毫米行程所需要的力，比如 100N/mm，或是 10kgf/mm，所以物理学得好的朋友已经知道该怎么做了：既然缩短了行程，那就需要提高弹簧系数，用更少的行程去承载相同的力。更换弹簧时前后配比则会影响到车辆弯中的平衡，相对而言，**前软后硬会倾向转向过度，而前硬后软则倾向转向不足**，根据这样的原理可以找到自己需要的平衡。

不过在弹簧之后，**阻尼的设定**就更重要了，减震阻尼的设定目的在于减缓弹簧运动的速度，以及卸掉弹力。所以当换上了系数更高的弹簧之后，阻尼系数也得随之跟进。一般的减震器只能简单地**调节整体的软硬**，而高端的减震器则有**双向可调（压缩，回弹）**，甚至**四向可调（高速压缩回弹，低速压缩回弹）**，越高端的减震调校也越难把握。总体上把握的原则和弹簧类似，**前软后硬则偏转向过度，前硬后软则偏转向不足**，前提是还需要有足够阻力来抑制弹簧多余的弹力。而压缩和回弹阻尼的区别就是阻力工作的方向，前压缩和后回弹在入弯时起到主要的作用，而前回弹和后压缩在加速出弯的时候起到主要的作用。更加细致的部分就不是三言两语可以描述得清楚的了，这还需要大家多去摸索，以把握调校的技巧。

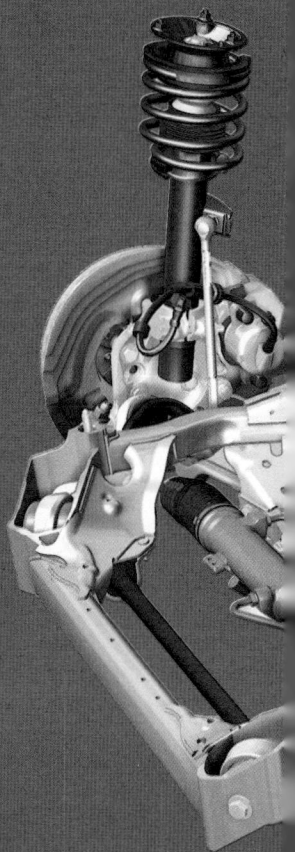

电子系统

电子系统也需要进行一些设置，以适合赛道驾驶。对于驾驶水平还不够精湛的朋友，可以选择先保留电子辅助，或者是关闭**牵引力控制系统**但保留 **DSC 动态稳定系统**。而如果驾驶技术比较出色，希望体验更纯粹的驾驶乐趣或是挑战单圈成绩，则建议将牵引力控制系统及动态稳定系统一并关闭，**纯粹由自己来把握车的动态吧。**

Damper
Springs
Electric Assistance

做好安全防范措施，上赛道前最好是能够全套赛车装备武装齐全，如头盔、Hans、手套、赛服、赛鞋等，别忘了赛车是一项具有危险性的运动，而当你行驶上赛道，也就是参与赛车运动了，这里有一点需要注意的是，Hans系统需要配合四点式安全带使用。如果不能够使用全套完整设备，上赛道之前也敬请将头盔戴好，这是最基本也最不可缺乏的保护措施。

ARE YOU

READY?

你准备好了吗?

上车前，深呼吸。

作为一名车手，不可以让紧张的心态影响发挥。

掌握大脑和身体的主动权，最大限度地展现技术动作和判断能力，

一旦紧张，让肾上腺素占据了主导权，影响了你的判断力，

那失误就是无可避免的，甚至会发生危险意外。

热身吧，未出发，先兴奋!

赛车是一门运动，让身体提早进入竞技状态，唤醒你的肌肉记忆能力，

僵硬的肌肉只会让你在切入弯道时事倍功半。

The
Circle
Of
Kamm, Again

实际驾驶中，赛道的状况和车辆的动态并非绝对稳定的，也许由于赛道橡胶的堆积数不同，也许由于轮胎的磨损状况不同，或是雨水打湿了赛道，甚至路面颠簸令轮胎无法保持稳定的荷载，这些因素都可能在瞬间改变卡姆圆的范围，换句话说，极限是在变化的。这种状况下，驾驶者的身体就是一个极为重要的传感器，敏锐地感受极限的范围，并做出微调，而目标仍是一致的，尽量避免对抓地力的索取超出卡姆圆的范围。所谓极限的驾驶，就是更长时间地将抓地力控制在卡姆圆的边缘，这对驾驶者有着非常高的要求。

重新认识卡姆圆

为什么要重新认识卡姆圆？是我们之前说得不对吗？

是因为你需要更深刻地认识它。

卡姆圆是用于统计抓地力分布的数据表，同一款轮胎在同样的状况下，纵轴和横轴上所能产生的抓地力是有限的，基本上横轴的左右两侧的极限是一样的，而纵轴由于加速和刹车令轮胎的做功方式有所不同，会有一些差异，当我们用图表把轮胎在每一个方向上所能产生的极限标示出来后，就可以获得一个形状并不一定标准的圆，这就是卡姆圆。

驾驶的过程中，我们很少能够用尽加速侧的抓地力，通常只有在速度不高的情况下，加速侧的抓地力才可能用尽，如起步，或者低速弯出弯。而减速侧和横轴上的抓地力却非常容易用尽，甚至超过极限。无论哪个方向，当车辆对抓地力的需求超过卡姆圆的范围时，也就意味着超过了轮胎抓地力的极限，那么面临的必然是打滑，轮胎打滑的方式先不一一描述，但根据物理原则，打滑也意味着轮胎抓地力会进一步流失，这并不是我们想要的，因此能够了解卡姆圆，并将抓地力尽量地控制在卡姆圆的范围之内是首先要学会做到的。

如果能够提高车辆的极限范围，那么驾驶者也就能够更轻易地使用到更高的抓地力而不会失控。

方法很简单，**更换高性能的轮胎或是半热熔胎之类专门为赛道服务的高抓地力轮胎。**当更换了抓地性能更好的轮胎后，我们所得到的就是一个半径更大的卡姆圆，可以比原先更快地加速，更大力地刹车，以更高的速度转过同一个弯道，这些动作都是提高了对抓地力的索取，而更好的轮胎能够一一接纳这些条件。

但无论哪一种轮胎，**抓地性能的提升并不能改变物理原则，**当超过抓地力极限后，抓地系数反而会下降，从而导致打滑，失控。不过话说回来，在赛道上驾驶，难免会超出极限，而轮胎在接近极限的时候，其实也已经产生了一定尺度的滑动，比如加速减速时，轮胎最高抓地力的峰值是产生在一个适当的滑移率内的，一般在 1.5%~ 5% 之间，而过弯时轮胎的最大侧向抓地力也发挥在适当的滑移角，一般在 3~7° 之间。这些都跟轮胎自身的特性有关，通常每一款轮胎都会有一个极限边缘的容错区间，当略微地超出轮胎极限时，轮胎的滑动还不足以导致灾难性的结果，轻微的滑动仍在人能够控制的范畴之内，这也是轮胎开始突破抓地力极限的一个信号，当驾驶者感受到这样的动作时，就应该明白轮胎已经超出极限，需要适当回收了。如果无视轮胎给出的信号，继续推进，给轮胎施加更大压力，那么当轮胎滑动率过大，抓地力大幅度衰减时，失控也将会到来，这是我们不想看到的。准确感受失控前的滑动信号，准确地找到极限的范围，对于赛道驾驶来说是一个基本的课题。

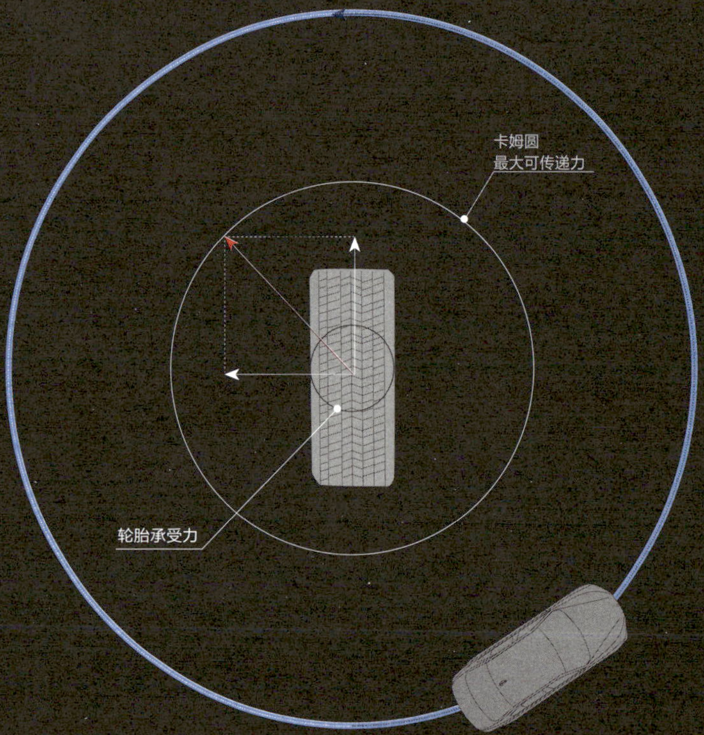

卡姆圆
最大可传递力

轮胎承受力

当轮胎所受的合力均保持在在卡姆圆内，车辆是受控的，意味着车手可以在这个范围内随意控制车辆。

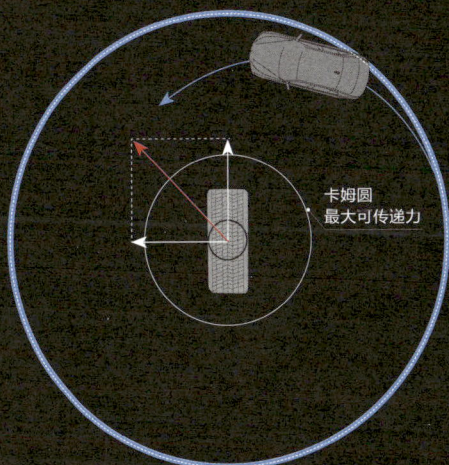

卡姆圆
最大可传递力

当后轮所受合力比前轮更早地超出卡姆圆范围，那意味着将会发生转向过度（Over Steer），尽管后轮不负责转向，但车辆的行驶并不只依靠某一条轮胎，后轮的受力情况会对车辆产生重大影响。

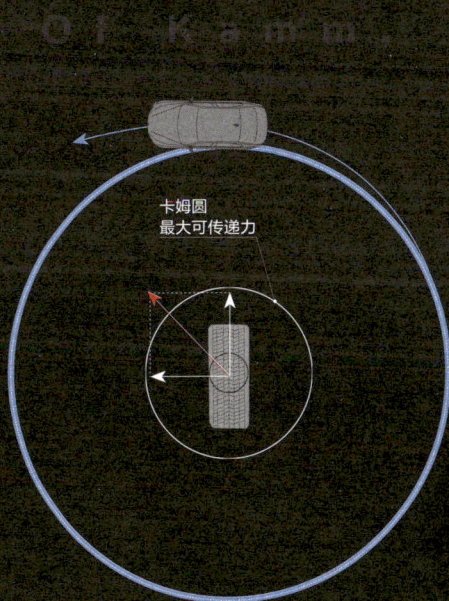

卡姆圆
最大可传递力

一旦前轮所受合力超出卡姆圆范围，那车轮便会更倾向于向着前进方向行进，意味着无法再对转向施以控制，即转向不足（Under Steer）。

G-Force，是有 G 点的 Force

G-Force 是每一个赛道爱好者的兴奋剂，每一次高强度的 G-Force 都能给车手带来快感，不断沉醉在持续的 G-Force 中。虽然每一个车手都会去追求更高的 G-Force，但 G-Force 的极限取决于卡姆圆的大小，在了解卡姆圆的原理之后，进一步了解 G-Force 的原理，互相关联起来，就能更好地理解应该怎样正确地驾驶赛车了。

之前说到过车辆对抓地力的索取，这涉及几个因素，车速、重量、惯性以及目标转向半径这些主要因素，当这些因素凑在一起时，又延伸到了另一个词，那就是 G-Force。在单一方向运动时，G-Force 是受到了卡姆圆的限制，车辆能给驾驶者带来的最大 G-Force 更多**取决于轮胎抓地力的极限**，不过汽车是由四个轮胎接触地面来提供抓地力抵抗车体的惯性的，如果不能让前后轮取得抓地的平衡，那么就可能产生新的问题：当车辆的前轴突破了卡姆圆的范围，而后轴仍在卡姆圆的范围之内时，就会产生转向不足，俗称"推头"，表现为前轮向外侧滑动，并不能按照前轮指向循迹行驶；而当车辆的后轴突破卡姆圆的范围，前轴仍在卡姆圆的范围内时，就会产生转向过度，俗称"甩尾"，表现为后轮向外滑动，使得车尾绕着前轴转轴心滑行。如果前后轴同时超过卡姆圆的范围，车辆将会四轮滑移，也就是侧滑，在这种状态下车辆几乎没有可控性，需要适当在惯性力逐渐衰退后，轮胎找回抓地力时，才能恢复控制，因此是最需要去避免的。

当 G-Force 改变方向时，如果变向速度过快，可能会产生瞬间高过峰值 G-Force 的量，这样的状况下通常容易导致侧滑，在赛道上保持 G-Force 的稳定也是重要的技巧之一，能够让车辆减少失控的风险，**并能随时保持更恒定的高抓地力**。主要的操作技巧就在于方向盘细腻的控制上，变向的速度不宜过快，并且方向盘的角度到位即可，不需过大。无论再怎样追求高 G-Force，也需要冷静地将 G-Force 控制在合适的范围内，才能让车获得更恒定的 G-Force，提高稳定性，并提高整体圈速。这一切的出发点又回到了驾驶者自身的感受，无论转向过度、转向不足或是侧滑，G-Force 的量和方向都会受到改变，身体能够明显感知到这样的区别，需要去认知并记住这些不同的感受，从而让身体对此有正确的反馈，懂得如何去驾驭 G-Force，这才是驾驶过程中所需要去追求的。

G-

G.

FORCE

刹车与油门的分级制度

赛道上第一重要的基础技术便是刹车，正确了解刹车在赛道上的重要性以及使用技巧，是赛道培训绝对不可以忽略的课题。纯粹的赛车是没有ABS的，那么车手需要通过自己的左脚去控制刹车力度以避免抱死。而像 M3，为了安全，厂家不允许改动电脑，在这样的前提下是无法关闭ABS的，虽然没有了轮胎抱死的风险，但 ABS 的介入也有可能影响刹车效果，**理想的刹车还是需要精细地控制刹车力度**，减少 ABS 的介入。

除了刹车力度以外，ABS 的介入与轮胎的工作状况也有一定关系，在刹车减速的过程中，如果进行转向改变了荷载分布和前轮指向，那么轮胎的纵向抓地力表现就会有所衰退，从而导致 ABS 更容易介入，因此在直线减速的过程中，**尽量稳住手中的方向盘，保持车辆直行**，稳定左

右荷载的分配，将轮胎所有抓地力用于减速，这样的工作状态下刹车效果会更加突出。如果在一些不得不进行转向同时刹车的弯道，那么就需要考验车手的敏感度了，配合纵向抓地力的衰退控制刹车踏板的力度，适当减轻刹车力度在这种状态下会产生更好的效果并保持车辆的循迹性。

至于油门，控制的要求甚至比刹车更高，所以经常看到赛车的打滑都是在出弯加速的时候发生的。毕竟出现抱死时松开刹车就可以马上让轮胎恢复抓地力，而当加速时轮胎失去抓地力，并不是一下子松开油门就能解决的，松开油门的过程要谨遵**循序渐进**这四个字，让车轮慢慢恢复抓地力，因为过快地松开油门，车辆的载荷会发生极大的转移，本来已经处于极限状态的轮胎就很有可能再次失去抓地力。

BRAKE

&

THROTTLE

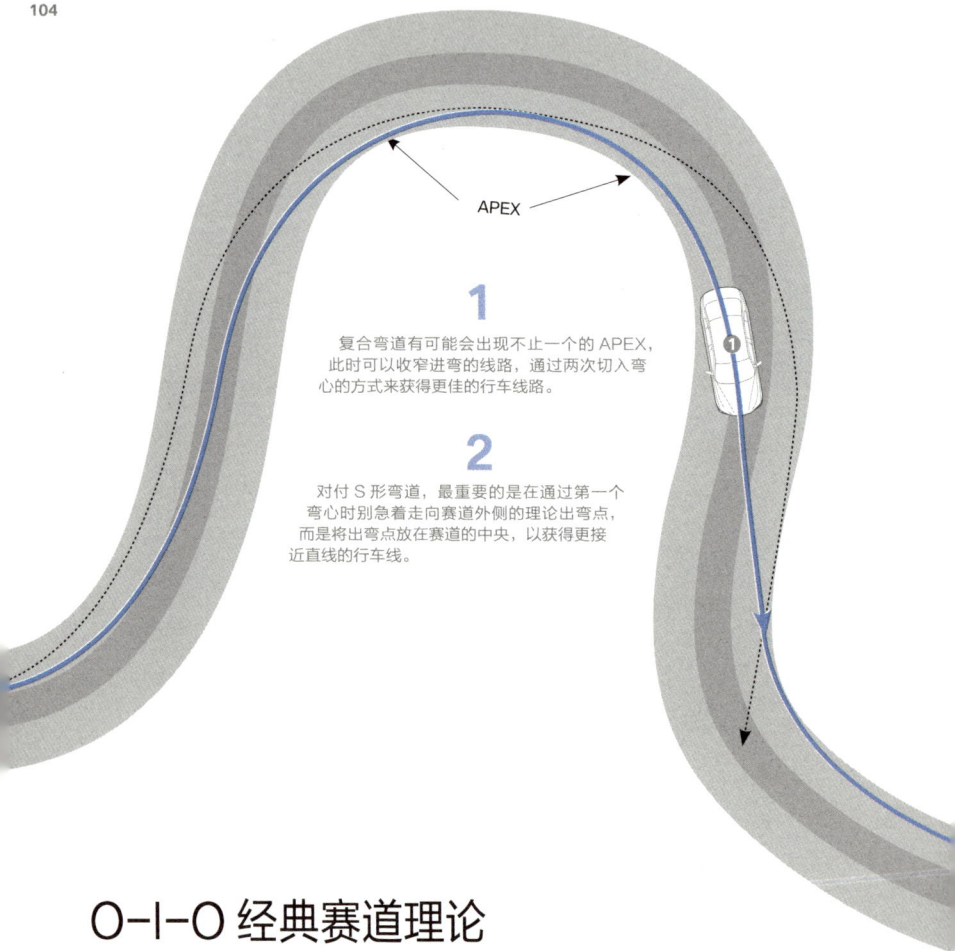

APEX

1

复合弯道有可能会出现不止一个的 APEX，此时可以收窄进弯的线路，通过两次切入弯心的方式来获得更佳的行车线路。

2

对付 S 形弯道，最重要的是在通过第一个弯心时别急着走向赛道外侧的理论出弯点，而是将出弯点放在赛道的中央，以获得更接近直线的行车线。

O-I-O 经典赛道理论

大家应该对刹车点、入弯点、APEX、出弯点这些词并不陌生，在赛道上这些点组成了完整的一个弯道线路，也可以说这些就是车辆完美过弯的必经之路。在刹车点至入弯点这个区间，车手需要做的就是**在最短时间内将车速控制到入弯所需的速度范围内**，最大化的发挥刹车效果是这个区间要做的主要工作。

从入弯点到 APEX 点，这个区间的重点是转向，调转车头指向是弯道提速的关键环节，当刹车能够切实地将车速控制到准确的范围后，入弯就是这个弯道的重点了，大部分高手都会在入弯的初期继续踩踏着刹车，以保持荷载更多地留在前轮，以增加前轮附着力，为入弯效果加成。准确把握

入弯点，更快地调整车头指向，并顺畅地切入APEX 点，这一系列复杂的动作几乎只在一瞬间内完成，精确度、细腻度要求非常高，高水平的车手甚至在这个区间已经可以开始加速准备出弯。**慢入快出的"慢"也就产生在这个区间**，当刹车逐渐释放时，转向角到达最大之时，也就是"慢"的顶点，舍弃了这里的速度，才能让车头更快地调转，为出弯加速做好充分的准备。而 BMW 3 系拥有精准的转向，能够让驾驶者在转向时的控制更为细腻，成败在于一瞬间，工欲善其事必先利其器。

当入弯阶段能够完美按照理想的状况实现，并几乎将车头指向出弯点时，那么就可以非常轻

Out-
In-
Out

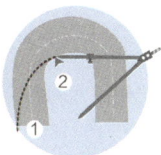

先确认出弯点①，再确认 APEX ②，然后画出一条连接两点的弧线。

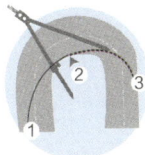

从进弯点③画一条半径较小的弧线，与上一条弧线连接。

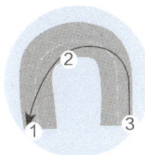

你的理论行车线便是这条③—②—①的弧线，但需要反复行走以找出实际最佳的线路。

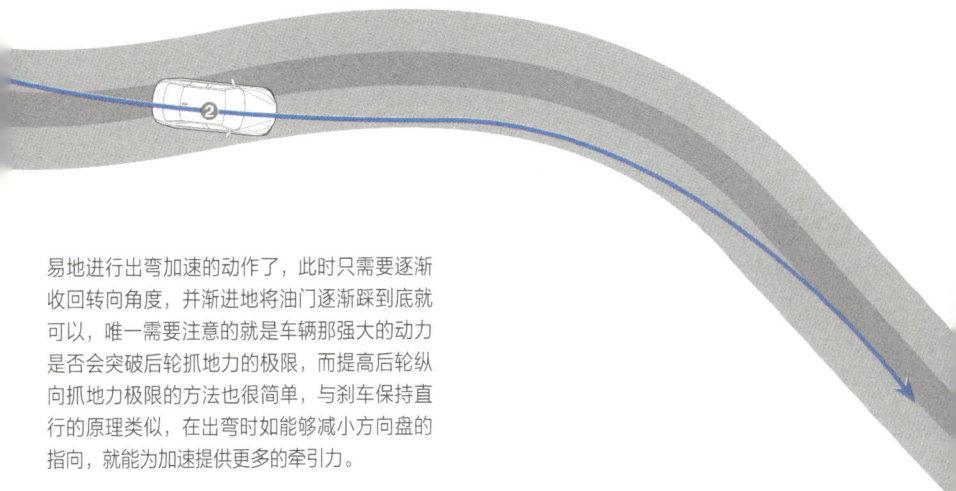

易地进行出弯加速的动作了，此时只需要逐渐收回转向角度，并渐进地将油门逐渐踩到底就可以，唯一需要注意的就是车辆那强大的动力是否会突破后轮抓地力的极限，而提高后轮纵向抓地力极限的方法也很简单，与刹车保持直行的原理类似，在出弯时如能够减小方向盘的指向，就能为加速提供更多的牵引力。

出弯时，TwinPower Turbo 发动机为全力加速做足动力储备，Vanos 和 Valvetronic 系统都是为更敏捷的动力响应而来，保证能在驾驶者需要的时候，释放每一分的动力。

找准节奏，欲快先慢

赛道的节奏是什么？每个车手都会跟你说：想快起来，那就要先慢下来。

当驾驶者能够准确地将车辆在每一个弯道推至极限时，这神奇的节奏感便会油然而生，每一台车、每一条赛道都有着不同的节奏，就像演奏着曲子一般时快时缓。这一切只有当驾驶者对赛道和车辆无比熟悉之时，才能显得那么自然顺畅，每一次高速通过弯道都能让观看的人毫无违和感。通常在赛道边观察赛道上车辆行驶的节奏感就能知道驾驶水平的高低。而当形成了这种节奏感，那么赛道的驾驶也会相应地变得轻松许多，不会给驾驶者带来太多的负担。

对于陌生赛道或陌生的车辆，任何一个车手都不可能瞬间找到应有的节奏，通常都必须先放缓节奏，去每一个弯道中摸索车辆与弯道的结合点，由慢到快，循序渐进，这是一个成熟的车手必须会做的事。上了赛道后如果一开始便一味地追求加快速度，很可能适得其反，找不到节奏，驾驶得毫无章法，大大增加了风险，也可能大大延缓找到准确节奏的时机。有一句话在笔者学习赛车的过程中听到过，一直记忆深刻，**"懂得如何慢下来，才会令你快起来"。**

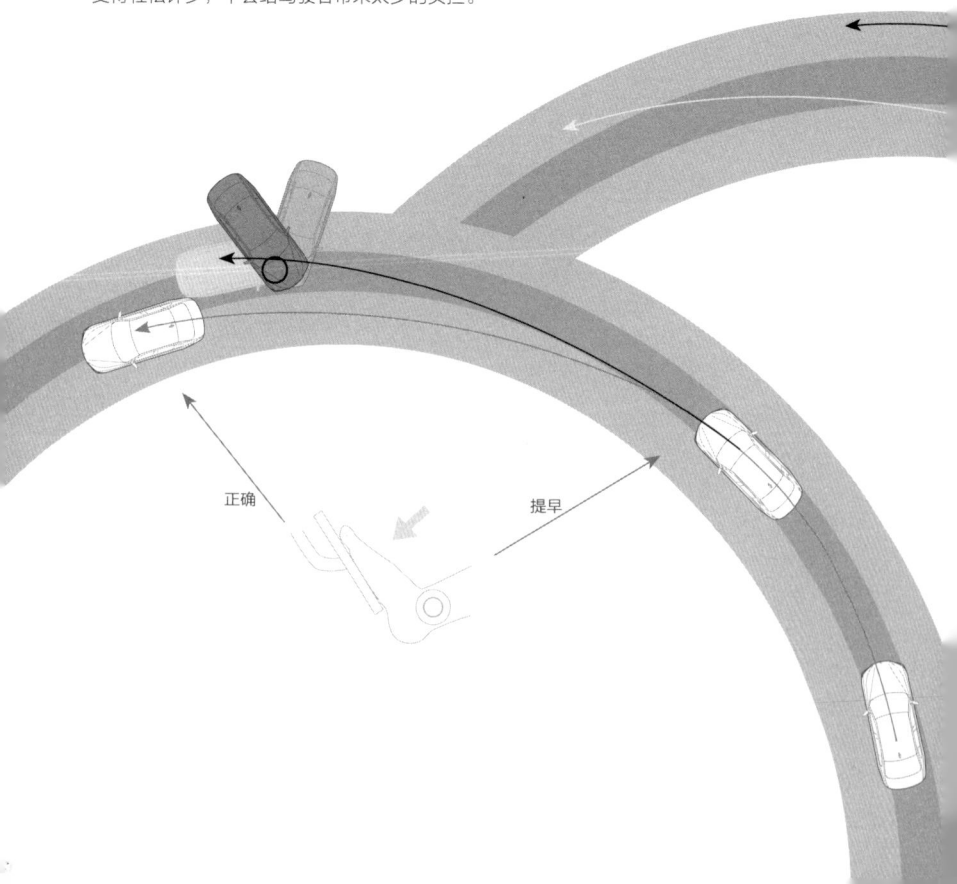

正确

提早

Hold the Limit

推迟刹车并不意味着你有更高的过弯速度，如果超过抓地力圆的极限，迎接你的将会是弯道外的"狗粮"，甚至是坚实的护栏。

在弯中提早踩下油门，会更快出弯吗？不一定，这时轮胎已经疲于应付横向的离心力，若再贸然加速，车尾便跳起观众喜闻乐见的旋转舞蹈。

推迟的刹车点

正常的刹车点

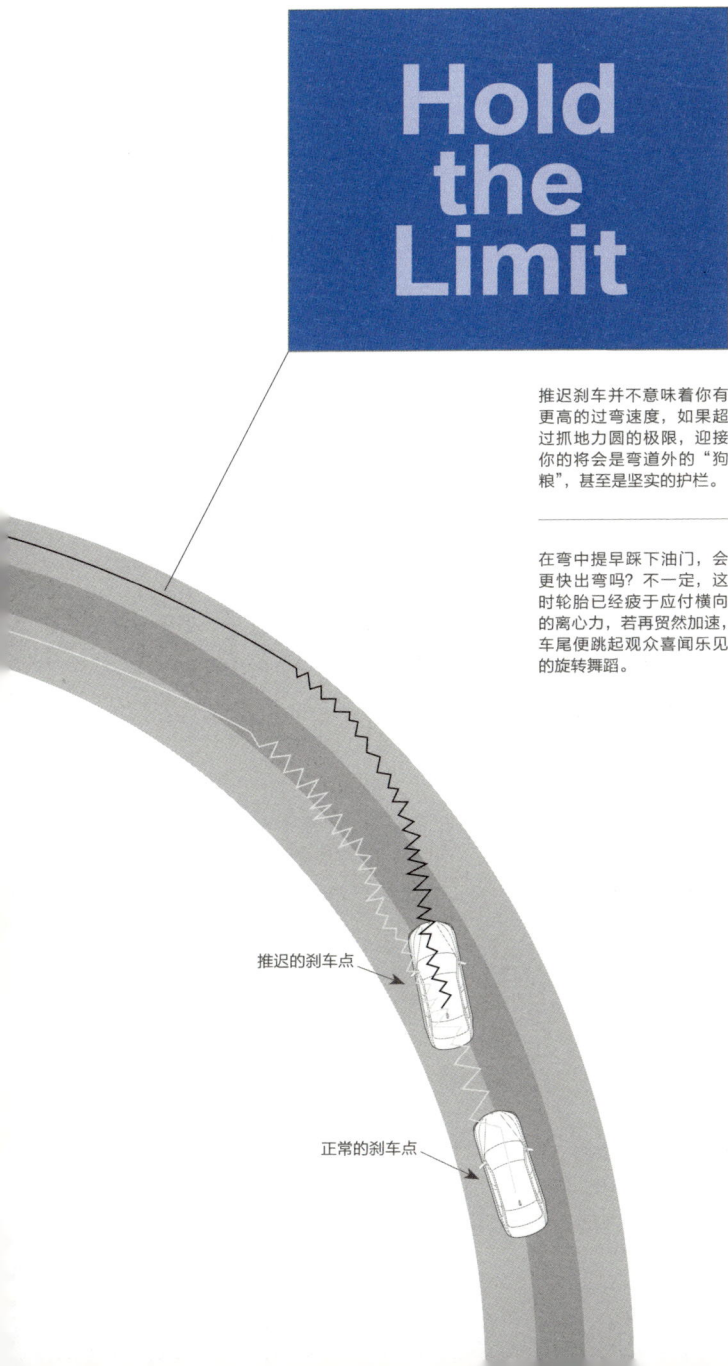

防守方　进攻方

弯心

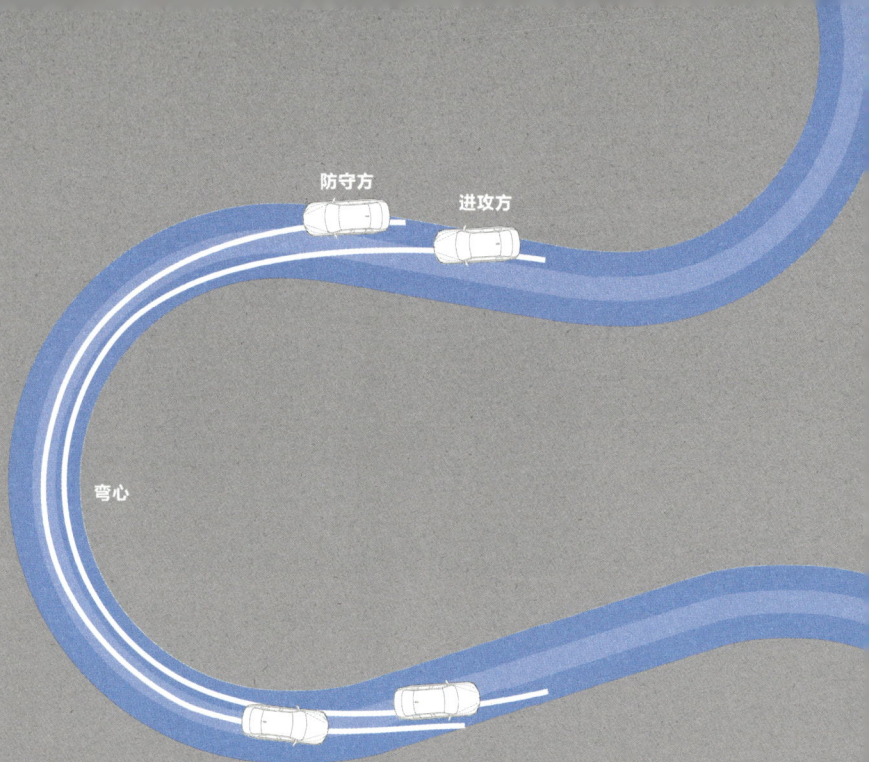

Defense & Attack

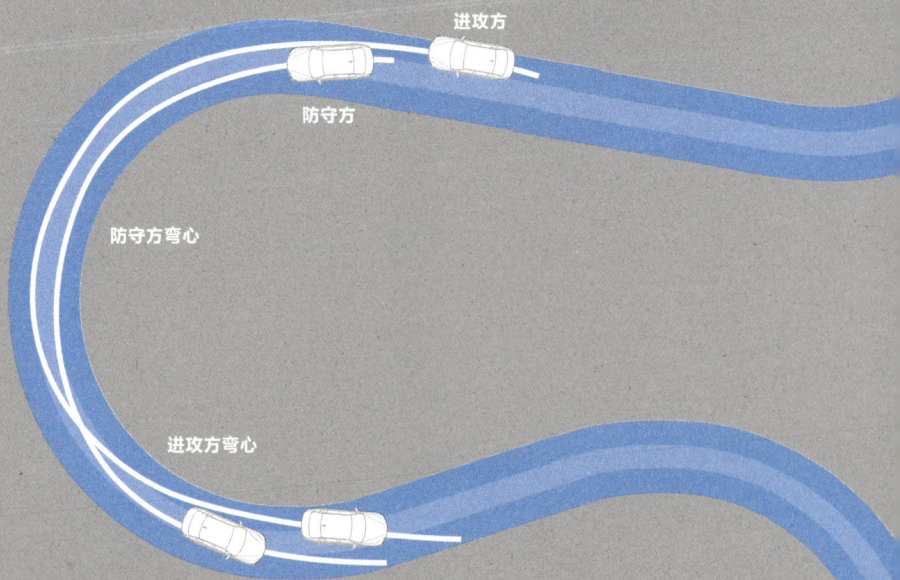

进攻方

防守方

防守方弯心

进攻方弯心

走线：防守和进攻

常规情况下赛道走线都遵循了外——内——外的走线原则，可是比赛时并不会一切都那么理想，赛道上还有许多对手在一起缠斗，大家都不想丢失自己的位置，并互相形成了阻碍，在进攻、防守时就无法使用常规的行车线攻克弯道。

在赛道上进攻、防守时都需要遵循比赛规则，给对手留至少一台车的空间，因此如果两台车并排

入弯、并排出弯时，赛道内侧的车辆需要给外侧的车辆留有安全的行驶空间，直到两台车前后位置错开，前车才具有占据所有线路的权利。

在这样的情况下，两台车都无法走在最理想的线路上，需要对线路进行微调，在此时速度的快慢并不是第一考虑的要素，而是保证自己的顺位优先。

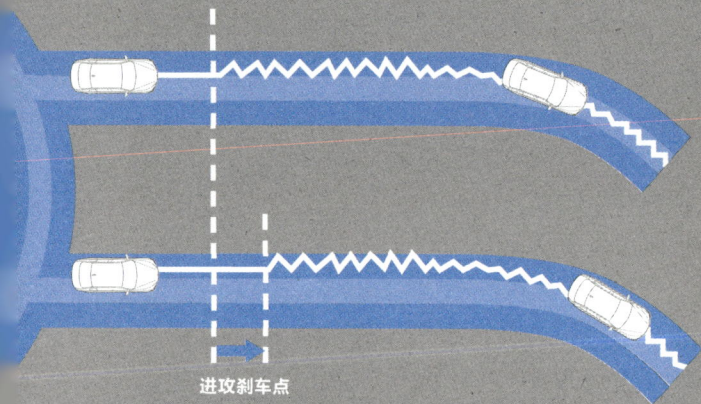

进攻刹车点

进攻的原则通常是占据内线以挡住防守车辆的入弯线路，从而形成超车。但防守的车辆也不会轻易地将内线让出，外线进弯的车辆稍微占据出弯速度的优势，但为了能够实现超车，要避免入弯时弯心线路受阻无法全力加速出弯，可以选择更晚的进弯时机，并借此提早加速时机，这一方法同样适用于进攻和防守。

如果两台车速度相当，甚至可以在弯中持续保持并排，那么情况将更加复杂。在S弯或者几组连续的弯道中，通过并排入弯并压制对手路线，以获取下一个弯，乃至下2～3个弯的进弯优势也是一种常见的方法。

心理战可以是近身缠斗比较高阶的技巧。适当的压迫对方，给对方更少的选择空间，提高对方的精力消耗，并时不时地用不同的进攻方法来给对方施压，但实际却不进行进攻动作，减少自身车辆的负担和损耗，让防守方的车辆渐渐损失优势，在不断的高压下，即使高手也难免会犯错误，这也就是强强对决时的唯一机会。

Drop MT and

DCT 让你忘掉手动挡

变速箱在最近这十几二十年更新得非常快，自动变速箱的普及，替代了传统手动变速箱，而不久之后，双离合变速箱大张旗鼓地占领了量产车市场。双离合面市初期，大多使用在动力并不算强大的车型上，但这种情况后来有了改变。通过与奥地利变速箱生产商 Getrag 的合作，BMW 推出了匹配 E92 M3 那高达 9000 转 4.0L 排量 V8 发动机的 **7 速 M-DCT 双离合变速箱，**我们都知道 E92 M3 这台强劲的 V8 发动机能够输出高达 420 匹马力和 400Nm 的扭矩，这在当时对双离合变速箱来说无疑是个挑战，但 **M-DCT 成功地告诉世人，这对 BMW 来说并非难事。**DCT 变速箱的诞生，替代了此前十几年 BMW 得意的 SMG 变速箱，更快、更便捷、更高效的 **DCT 变速箱也很快地占领了 M3 用户的心，**传统的手动挡在市场上的占有率越来越少。此后大多超跑品牌也开始转型使用双离合变速箱，双离合变速箱已成为了高性能车的发展趋势。

对于赛道使用，很多人会对 DCT 有所保留，但事实上，自动化程度越高的变速箱能帮助驾驶者进一步提高驾驶技术。毕竟驾驶手动挡车型在赛道上飞驰，对每一下换挡的要求都非常高，任何一个失误都有可能换来时间甚至名次上的损失，自动化程度高的变速箱能以极高的准确性来防止操作失误，同时提供更高的换挡效率。**在高压的赛道环境下，每提升 1% 的圈速都要付出极大的努力，**而 DCT 变速箱的存在在于减轻驾驶者的压力，让驾驶者更专注于控制车身动态上，以获得更精准的操作，而换挡、补油等工作，则可以放心交给 DCT 变速箱。

或许有人还担心 DCT 的耐用性能，DCT 采用的是湿式双离合结构，利用油冷给离合器散热，**足以应对 M3 那强大的发动机带来的大扭矩给离合器产生的热量，**即便在赛道上全力飞奔也无所畏惧。

Take the DCT

电子挡把
电子挡把用于完成 P（停车）、R（倒挡）、N（空挡）、D（自动模式）、S（运动模式）、M（手动模式）之间的切换。手动模式下，挡把和换挡拨片都可实现升挡或降挡操作。

油冷器
铝合金材质可提高散热效率，使热交换过程更加彻底。

双离合器
这是变速器的"心脏"。两组离合器分别控制偶数挡位、奇数挡位与倒挡。

输入轴

输出轴

逻辑控制单元
换挡逻辑控制包含 11 种程序，其中 5 种自动程序，6 种手动程序（包括 Launch Control 弹射起步控制）。自动程序更注重提高燃油经济性。

冷却系统
确保变速器即使在极高负荷和高温的赛道驾驶条件下也具备足够的可靠性和耐用性。

Balance

更严谨的平衡

BMW一直保持着 **50：50** 前后重量比的信念，犹如真理。

从早期的 M3，到如今的 M3，甚至普通的 3 系运动轿车，都为实现静态 50：50 重量比花了不少功夫，BMW **绝不会**在这一点上做出**妥协**。

在赛道上，**前置后驱**的赛车为了综合性能，会**更严谨**地追求 50：50 的重量比，这不但能提高车辆的操控性及稳定性，也有利于平衡前后轮胎的磨损。

重量平衡在刹车、转向、加速过程中都能带来理想的平衡，特别是弯中姿态、灵活、稳定，且易于控制，这也是许多人所追求的**操控平衡**。

重心靠前
车头惯性大于车尾；前轮磨损严重；后轮载荷偏小影响加速性能；弯中容易发生转向不足，也可能因后轮抓地力不足导致转向过度。

重心靠后
车尾惯性大于车头；后轮磨损严重；前轮载荷偏小影响制动性能；弯中容易发生转向过度，也可能因前轮抓地力不足导致转向不足。

重心均衡
均衡的前后配重比可以更好地帮助前后轮完成各自的任务。刹车时，荷重稍微转移至前轮，其实能提高前轮的抓地力保证指向能力。同理，加速时荷重转移至后轮，也可提高后轮的抓地力避免后轮打滑。同时，均衡的配重比保证在刹车、加速和转向时荷重并不会剧烈转移，影响车身的动态。

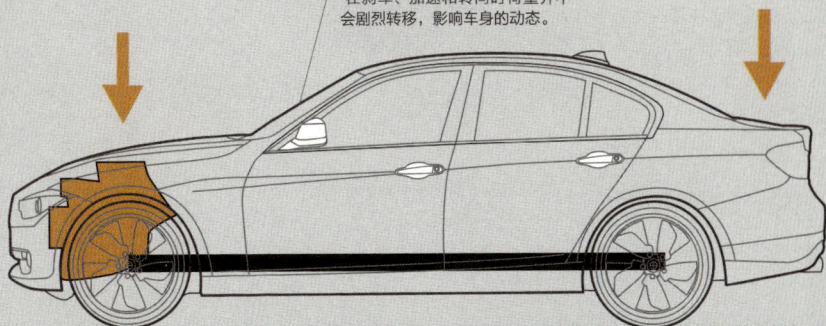

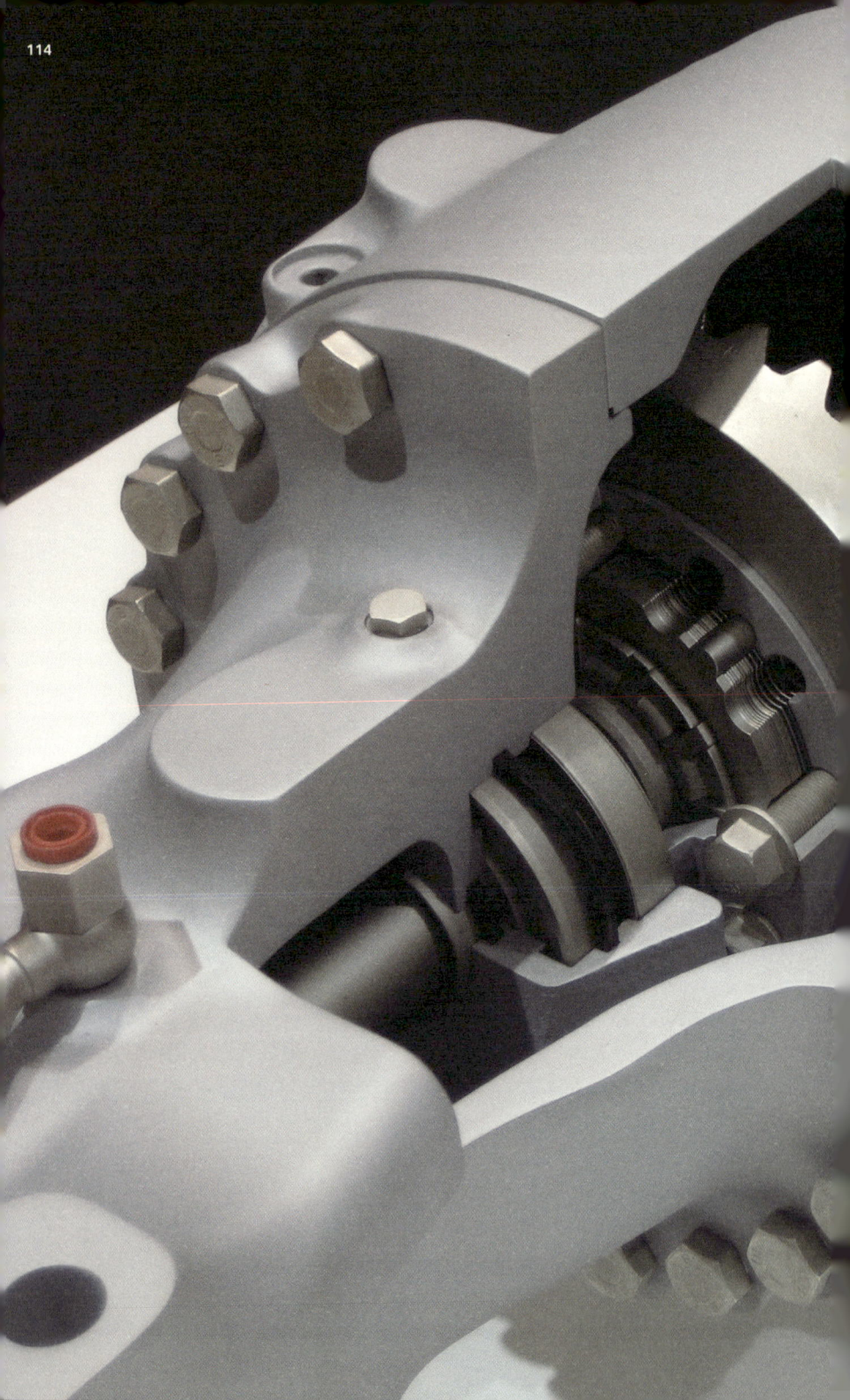

NO SLIP

打滑是可耻的

NO SLIP

限滑差速器

这就像是走钢丝，能够保持平衡的区间极为狭窄，一旦突破极限就有可能带来失控，即使可以修正化解，也会损失时间。

普通车辆为了应对转向时左右轮行驶距离不同，会装备**自由差速器**。在赛道上，过弯时会尽量用尽轮胎的抓地力，此时荷载往外侧轮偏移，形成外侧轮阻力大、内侧轮阻力小的状况。自由差速器在这种状况下会将动力更多地往内侧轮输出，而荷载较小的内侧轮则缺乏足够的抓地力，容易打滑，而需要动力的外侧轮却得不到足够的动力输出。

限滑差速器则解决了上述问题。在加速时，它尽量把驱动力往荷载较大的一侧轮胎输出，以避免出现内侧轮过多地空转而外侧轮却发不出力的问题。除了加速时可以分配驱动力输出，一些差速锁还可以在减速时介入工作，将发动机制动适当地分配给内外侧轮胎，提高入弯稳定性。

如：1 way 是指在油门开启且左右轮产生滑差时，才发挥作用的单向型。

2 way 这是无论油门开启或关闭，只要滑差出现便会进行作用的双向型。

1.5 way 会在油门开启且左右轮产生滑差时作用，而收油时只会发挥较小限滑效果的作用。

有了差速锁的帮助，在车辆出弯之时就可以更放心大胆地给油，**动力会更切实有效地传递到外侧轮胎以提供更高的牵引力**，而在减速时也可以更放心地使用循迹刹车，也不容易出现入弯甩尾的现象。

差速锁在提升进出弯驱动性能的同时，**也对驾驶者提出了更高的要求**，当动力能够大量往外侧驱动轮输出的情况下，却仍有可能因为驾驶者给油过大而导致外侧轮打滑。而此时外侧轮是支撑尾部动态的主要轮胎，一旦打滑，加上弯道带来的离心力，很有可能使得车尾突然往外甩动，产生 Power Over。这也意味着打滑带来的副作用比自由差速器更大，更加突然。如果不能及时准确地处理就可能导致甩尾，甚至失控。

对于高水平的车手而言，**打滑与不打滑之间的临界点成了他们发挥的空间**，精确地控制油门让轮胎介于轻微打滑的尺度之下，而又不冲破极限，提升了加速性和车尾的随动性。

没有 LSD 的情况下，内侧轮胎提
升空转会造成驱动力损失

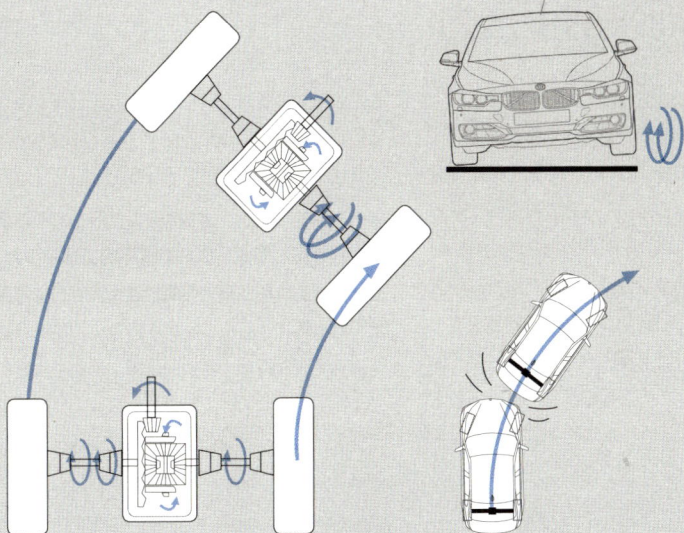

在有 LSD 的情况下，若有一侧轮
胎损失抓地力，动力便会传送至
依然有抓地力的一侧轮胎，保证
车辆的动力不流失。

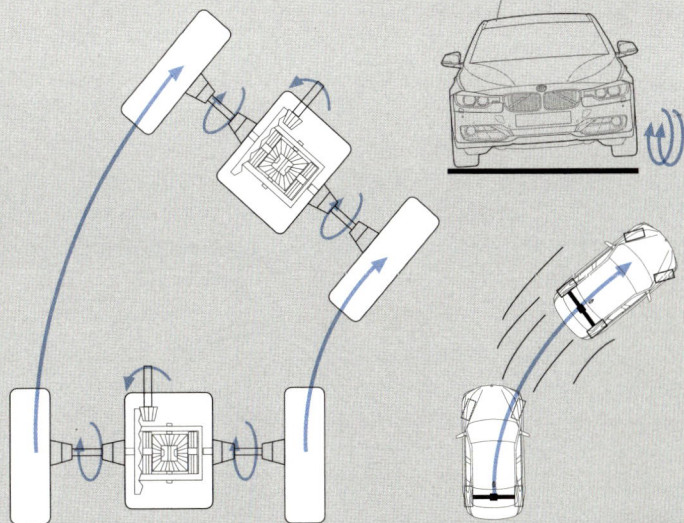

凭"空"而来的下压力

空气动力学这个词，常看赛车比赛的朋友们一定不陌生，但空气动力学对于赛车来说意味着什么呢？回溯到 50 年前，当时的 F1 赛车刚从光溜溜的车体开始转型，增加了一些能够增加下压力的套件，不过这并不是空气动力学应用的开始。**最早期那光溜溜的车身也是一种空气动力学的表现，目的在于减小风阻，以获得更高的直线速度。**但最近几十年空气动力学的应用方向则主要在增强下压力方面着手，可以看到现代的高级别赛车车身上遍布各种大大小小的翼片，都起着增强下压力或者疏导空气的功能，并且在此前提下，还尽量地想办法减少这些套件带来的风阻。

而 BMW 在研发 3 系乃至 M3 时，首先需要考虑的是尽量降低空气阻力，**空气阻力越少，意味着燃油经济性和高速稳定性（抗侧风）越高**，而现时 3 系的风阻系数仅为 0.26Cd，是 BMW 家族里风阻系数最低的。但是对于在赛道上飞奔的 BMW 3 系，我们就要再考虑下压力了。

我们先了解一下下压力的好处，其实下压力主要是为轮胎服务的，在不增加车体重量的情况下增加轮胎的荷载，既避免了车体惯量的增加，又能增强轮胎的抓地力，达到了双赢的效果。**通过下压力的作用，赛车可以获得更高的加速牵引力，更好的减速性能，最关键的是能大大提高过弯速度和弯中稳定性。**不过获取下压力也并非没有副作用，复杂的翼片，巨大的尾翼，这些都会带来很大的风阻，所以高下压力的赛车其实都牺牲了不少极速，以换取更高的弯道速度。但总而言之，赛车是为了更快的单圈速度做研发，而非更高的极速，因此下压力带来的好处远远大于弊端。

初次驾驶高下压力的赛车，通常会感觉不适应，因为下压力带来的弯道极限远远超出了原先对

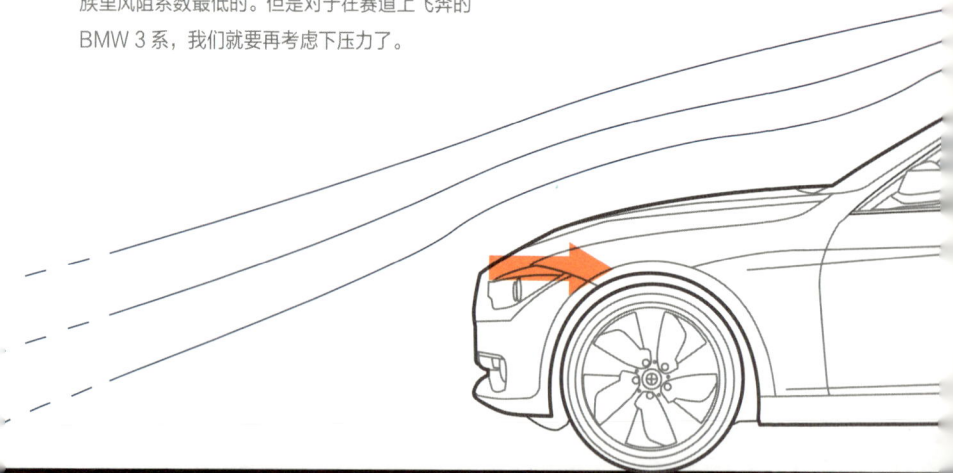

Aerodynamics

抓地力的认识，**更短的刹车距离，更高的过弯速度，真正的极限总需要不断地去尝试才能逐渐接近**。而且下压力另一个特点就是速度越快，下压力越强，随着不断去尝试接近当前的极限，速度越来越高，下压力又进一步增强，提高了极限的范围，所以并不像普通车辆那么容易就能找到准确的极限范围。特别是在高速刹车的环节，**由高速减速至低速，这个过程中下压力的变化是非常快的，所以在刹车力度的控制上也是需要随着下压力的变化，力度从大到小避免轮胎抱死**。但随着驾驶经验的增加，对下压力的作用有了敏锐的感受，这一切都会变得自然，很容易就能找到下压力带来的弯道极限，这是一个全新的驾驶领域，也是一个令人着迷的驾驶状态，车手可以获得更

大的 G-Force，更高的弯速，更快的驾驶节奏，最关键的是这些能带来更快的单圈速度。

DTM 赛车正是大量运用了空气动力学原理打造而成的，**一台 DTM 的 M3 赛车所产生的下压力，并不逊色于一些中高级的方程式赛车**。DTM 赛车的车架也重新打造过，使用跟方程式赛车一样的碳纤维单体壳座舱，再配以重新设计的前后车架连接悬挂系统，而外观部分在保留了原车的造型基础上，增加了各种功能不同的空气动力学套件。在这样的基础上，也有**很多人将 DTM 赛车称之为套着房车外壳的方程式赛车**。其实这样的描述也并不夸张，在一些 F1 赛道上，DTM 赛车的圈速甚至比 F3 赛车还要快。

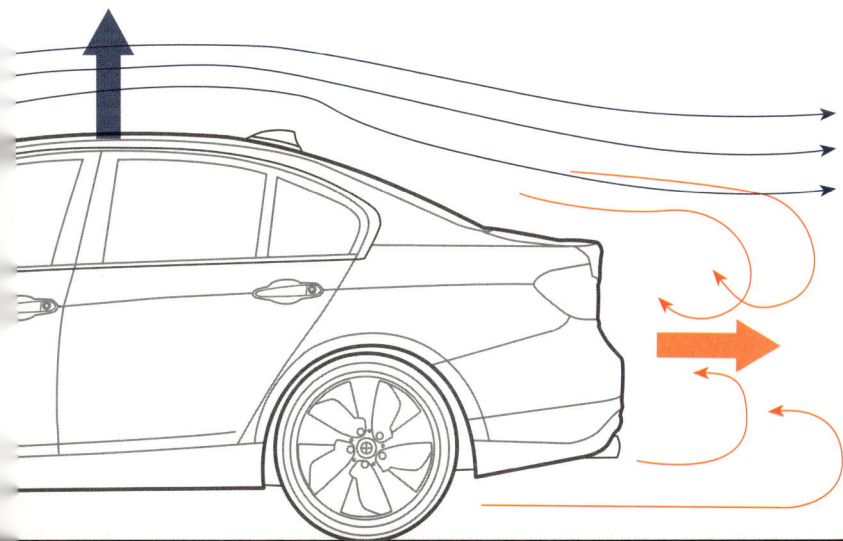

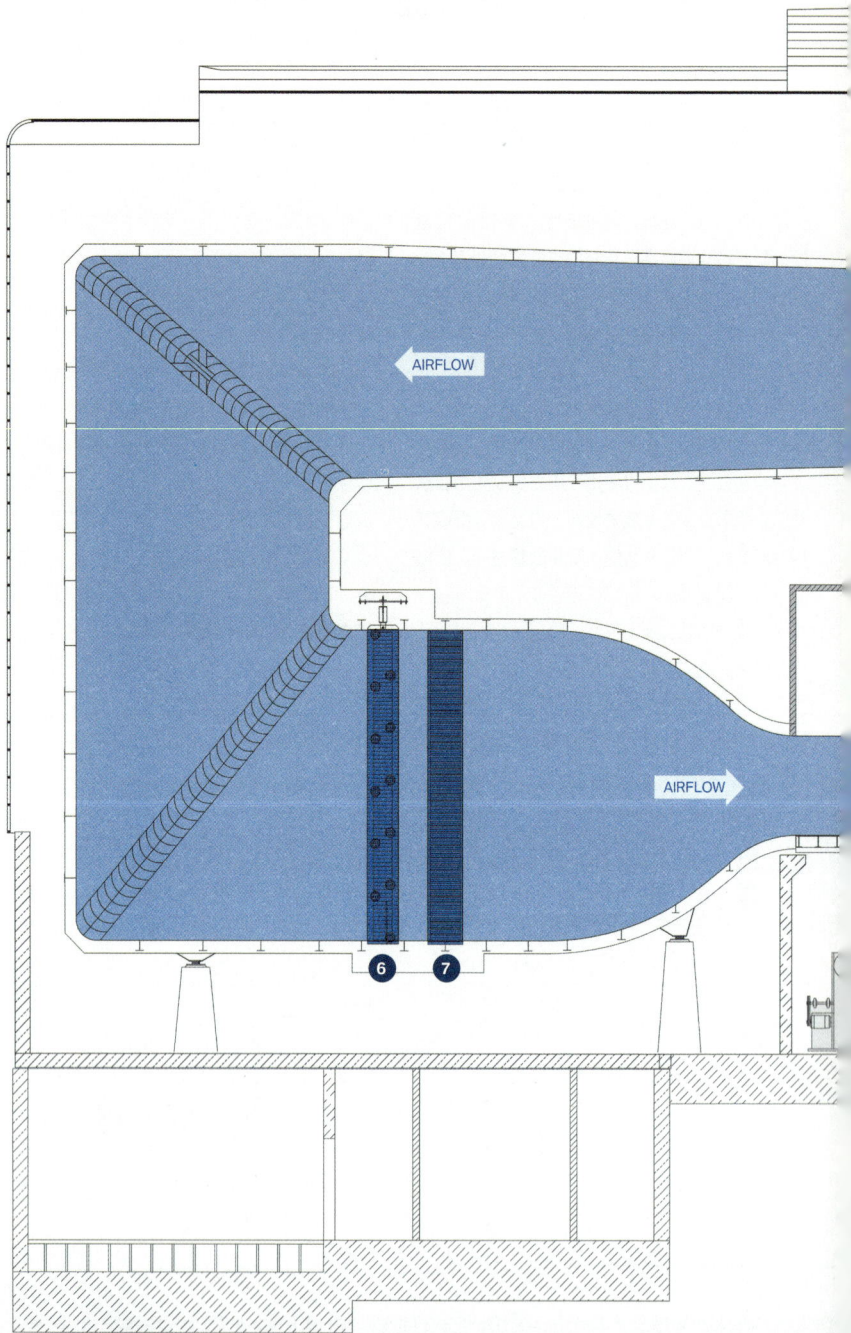

AIRFLOW

AIRFLOW

6 7

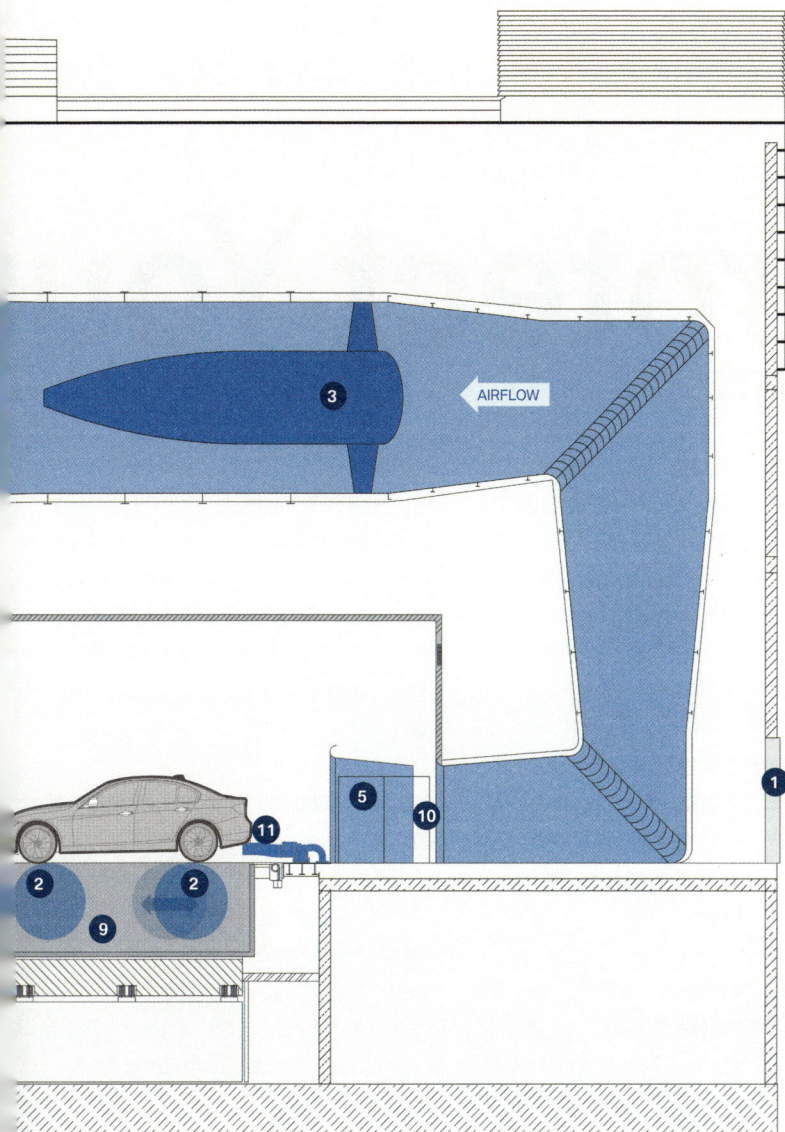

AIRFLOW

风洞实验室

1. 实验室入口　　7. 整流器
2. 测功器　　　　8. 边界层吸收器
3. 风扇　　　　　9. 可移动地板
4. 管嘴　　　　　10. 燃料仓
5. 收集器　　　　11. 废气排气口
6. 热交换器

Protect You

兴奋有度

极限驾驶会消耗大量能量，同时也产生了大量的热量，刹车温度、水温、油温都会大幅度上扬。 一旦发现状况，如水温、油温偏高，需要尽快停止过于激烈的驾驶，改用缓和的速度在赛道上匀速行驶，给车辆散热，以避免过高的机油温度无法给发动机提供足够的润滑保护，导致发动机产生损伤。

刹车温度和轮胎温度也是非常需要注意的环节， 不过大部分车上并没有胎温和刹车温度的传感器，需要靠车手身体的感受来判断轮胎和刹车是否衰退，如果发现轮胎抓地力和刹车效果开始衰退，很有可能就是温度过高了。

刹车方面除了刹车盘和刹车片的工作温度外，**刹车油的高温带来的影响会更加明显，** 当刹车油温度过高，可能产生气化，导致刹车管路中有多余的气体，表现为刹车踏板变软，刹车压力传达不直接，影响刹车距离和车手对刹车的操控，遇到此类情况建议减速回到维修区，等待刹车油冷却，并尽量进行刹车管路排空工作后再继续驾驶。

机油压力是很少人会注意的一个环节， 但在赛道上驾驶，为了发动机的健康状况着想，不得不好好关注一下机油压力的表现。即使机油温度正常时，若油压达不到目标值以上，发动机也不能够得到足够的保护。导致机油压力不足的原因有可能是漏油，或是油泵工作状态不理想，甚至有可能有碎屑导致油路不畅。无论哪种原因，对于发动机来说并不是好事，遇到这种状况应当尽快停止驾驶，检查清楚故障原因并处理完毕后再继续驾驶。

对于 DCT 变速箱来说，变速箱油温也是需要注意的， 赛道上频繁的换挡很可能给变速箱带来过高的温度，虽然湿式双离合变速箱在散热性能上较为出色，但如果因为不当的驾驶方式，或者过于严苛的赛道环境导致变速箱油温过高，将会对变速箱产生不小伤害。享受赛道驾驶，但可别忘了照顾好你在赛道上的搭档，只有在它一切状况良好的前提下，你才能更加畅快地享受赛道带来的乐趣。

当我们开着 BMW 3 系运动轿车在赛道尽情飞奔时也不需要时刻担心车辆状况，因为现时的 3 系乃至 M3 均配备全方位的监控系统，通过遍布全车的传感器来监视车辆状况，以**全面密切的监视来保障车辆的安全。**

- 首道甜品：自我强化
- 特色甜品：华丽失控
- 至臻甜品：极限护航
- 冰冻甜品：驾驭冰雪
- 终极甜品：赛道试练

新BMW 3系

M Sport Package

首道甜品：自我强化

"BMW M"你知道吗？它代表着刺激、**人车合一、极限**以及让绝大部分人都为之兴奋的元素。

"M Sport Package""M Performance" 和 **"M Automobiles"** 是三个不同的概念。

"M Sport Package" 意味着普通 BMW 车型"穿上"拉风的空气动力套件，并在内饰中加入"**M**"元素的装饰。

"M Performance" 是 BMW M 公司专为 BMW 车主提供的**高性能定制套餐**，以便他们拥有一辆性能强化后的 BMW 车型。

打上"M Performance"印记的 BMW 车型，强化内容包括**碳纤维**空力套件、**竞速方向盘，高性能**轮胎、**加强版**制动系统及经过运动化调校的底盘。

"M Automobiles" 是 BMW M 公司基于某款车型重新开发而来，与普通车型的**零部件共享率仅为 20%**。它代表着 BMW 车型的**性能极限**，也代表着**极致的驾驶体验**。

这三大"M"家族的共同点是，它们全属于 BMW，都能带给车主"sheer driving pleasure"——纯粹的驾驶乐趣。

碳纤维空力套件 BMW M3 车身采用的碳纤维部件包括有：**传动轴、强化拉杆、车顶、尾箱盖**等。 碳纤维的密度很低，只有铝的 **35%**，钢的 **25%**，抗拉强度 **3500MPa**，是普通钢材的 **7~9 倍**，能经受 **380℃**的高温，且完全不存在生锈的问题。碳纤维又可分为**真空导胶成型**的湿碳纤跟预浸料热压成型的干碳纤。

进排气 高流量空气滤清器俗称**"冬菇头"**，因**进气范围**更大，故能提高发动机进气效率，提升动力。但其空气滤清功能偏弱，影响发动机寿命。**原装位**高流量空气滤清器是折中的升级办法。排气系统分为**头段、中段**和**尾段**。头段俗称**"头蕉"**，提升要点在于更好地控制**汇流**，让废气尽快排出，使功率顺畅释放。中段最重要的是**三元催化**，主要作用是净化尾气。尾段分为偏**低扭**的多层回压鼓，偏**高转**的直通鼓，以及**平衡**低扭和高转的 1~2 层回压鼓等。

防倾杆 防倾杆能在高速过弯时，靠自身扭力防止或**抑制车身的**侧倾，还能通过不同搭配**改变车辆**的**转向特性**。对于民用车，防倾杆过于**粗壮**会影响车辆的**舒适性**和行驶时的**遁迹性**。前防倾杆过粗会引起**转向不足**，而后防倾杆过粗则会引起**转向过度**，若车身刚性不足，还存在令**车身变形**的风险。单独升级防倾杆需**谨慎，任性胡来**的话，很可能会**破坏**原车的**整体平衡**。

绞牙避震 原厂减震器的**长度**及**阻尼**参数相对固定，并不适用于需针对赛道进行**精密调校**的赛车，因此，赛车工程师发明出无需更换、仅利用螺纹即可调节车身高度的减震器（及避震阻尼软硬可调）。因螺纹齿轮在粤语中俗称**"牙"**，而且这类减震器调节时需用两个扳手相绞，故曰**绞牙避震**，但其正确的名称应为"阻尼软硬及高低可调避震器"。普通绞牙避震的减震筒外壁有螺纹与弹簧下座相咬合，弹簧上座**固定**，旋转弹簧下座即可同时**调节**弹簧与减震器的**长度**，弹簧调得**越短**，减震器的剩余**行程越少**。全段绞牙避震比普通绞牙多了绞牙套，兼作弹簧上座，绞牙套以内部螺纹衔接减震器机芯，只需旋转螺纹旋紧圈就能**调节**减震器**长度**，而减震**行程**可**保持不变**。纯粹的"绞牙"**仅能改变**减震器的长度，从而调整**车身高度**，若要调节**减震阻尼**，需另有**阻尼阀门**来调整减震器内的**气压**或**油压**。

制动 BMW M Performance 高性能系列附件源于 BMW M 车型，现在已可用于 BMW 3 系，原厂的高性能配件能与 BMW 车型更好地**匹配**。前 **4 活塞卡钳 +370mm 划线通风制动盘**、后 **2 活塞卡钳 +345mm 划线通风制动盘**，由业界领先的高性能制动系统制造商 Brembo 为 BMW 代工。一体式制动盘装车时**不需要**另外搭配**转接桥**与**制动毂**，使用时更为**稳定耐用**。制动的升级原则是"**hold 住动力**"，动力提升，制动系统也就必须**随之提升**。

轮胎 轮胎是汽车**唯一**与地面**接触**的部件，也是真正"**掌控**"车辆**循迹性**的部件。选择高性能轮胎的主要目的是提升抓地力。升级轮胎要注意了解原始轮胎的**基本参数**，以便保持车轮周长不变，这样才能保持里程表和速度表的准确性。高性能赛车会采用**全热熔轮胎**，高性能民用跑车一般会选择**半热熔轮胎**。热熔胎达到**工作温度**后会**软化**胎面，产生很高的**黏性**，从而提高**抓地力**，热熔胎的**消耗**比普通轮胎**快得多**，**价格亦贵**得多。大部分热熔轮胎**仅适合**在**赛道**及**干地**使用，在**湿地**上使用时抓地力大大**降低**。

轮圈 从提升性能的角度讲，轮圈的**轻量化**比样式更加重要。更换轮圈首先要考虑**最大可承载力**，每款轮圈都设有最大可承载力，并会在圈体上**标注**。假设一个轮圈可承载 **675kg**，那么 **4** 个轮圈总共只能承载 **2700kg**，而且在真正购买轮圈时，还得留出约 **30%** 的余量——毕竟车辆还得坐人载物。轮圈一般分为**锻造**跟**铸造**两种，通常同等尺寸和规格，锻造轮圈**更轻、强度更强**，铸造轮圈则**韧性较高**，且**比较便宜**。轮圈材质上分为**镁合金**、**铝合金**等。轮圈重量**越轻**意味着簧下质量越轻，从而**提升**车辆操控反应。BMW Performance 高性能轻质合金轮圈，有**独特**的**空气动力学**设计，能让该系列轮圈在行驶中为制动盘带去更多的空气，形成**有效的冷却**。

特色甜品：华丽失控

漂移被称之为华丽的失控，实际上漂移并非失控，而是处于可控和失控之间的临界点处，多一分或少一分的方向，以及深一点或浅一点的油门都会立即让车辆进入失控状态，漂移其实是一门对操控及车辆性能要求很高的驾驶艺术。

前置后驱
FR

BMW M3 是**大马力**前置后驱车，而 FR **前置后驱**车型前轮灵活、后轮有力的天性无疑很**适合用来漂移**。

FR 车型拥有**很好的前后轴荷重分配**，重心也落在车身的**几何中心**上，能保持很**稳定**的动态。

后驱车如**踩住刹车**再**大油门**起步，由于前轮**锁死**，车辆走不了，就能**原地烧胎**了。

大幅度打方向的车在**拉起手刹**的瞬间，后轮被**锁死**，滚动摩擦力**转为**更大的**滑动摩擦力**，当后轮所受合力**突破**各自的**卡姆圆**，车尾就会顺着受力方向**"甩"**出去。

想漂移，就必须先**打破**车辆原有的**平衡**，要打破 FR 车型的平衡，只能通过**重心转移**来实现。

利用**重心转移**来漂移的方法不少，较为典型的有：

Inertia-Drift **惯性漂移**：先加速入弯，在弯心松开油门，同时猛打方向，利用惯性使车尾**甩起来**并开始**漂移**，出弯时再**给油**；

Braking-Drift **制动漂移**：面对直角弯或掉头弯，入弯前先把速度提起来，入弯时大力**制动**并降挡，但不要踩死，让车辆**重心前移**，乘机打方向甩尾，在弯中反打方向并控制油门，保持漂移；

Power-Drift **动力滑胎**：适合**大马力、大扭力**的后驱车玩，正常减速入弯，保持转向在**弯中大脚油门**，后轮扭力过大导致甩尾，再控制油门，**反打方向**，**漂移**出弯；

Feint Motion：俗称**"斯堪的纳维亚式过弯"**，通过车头摆动**转移重心**，**甩尾**后开始**漂移**，直至出弯。

烧胎，漂前试玩
Burnout

原地烧胎是个很**炫酷**的动作，但玩不好又很丢人现眼，根据变速箱的不同有不同的玩法。

手动挡比较容易，踩离合，挂进 1 挡，踩油门保持在 **5000~7000rpm**，以不持续超过红线为准，在转速到达上限的**一瞬间**左脚迅速放开离合器并踩刹车，这个力度以让后轮有**持续动力**，但车身又不向前移动为准。轻了车就向前跑，重了就烧不动胎。

烧胎开始后可以尝试**挑逗刹车力度**，让车以极慢速的姿态向前烧胎前进，稍微打些方向还可以展现出慢速**横滑的姿态**。香港电影《车手》里的汽车在狭窄小巷里过直角弯的桥段，就是使用的这个技巧。

自动挡相对难一些。因为无法弹离合所以必须靠车辆的**巨大扭力**，挂入手动模式**关闭DSC**，左脚刹车右脚油门，随着油门加大左脚轻微放松刹车，一旦烧起来就和手动挡没什么区别了。无论手动挡还是自动挡，都要求**左脚有足够的控制力**。

打方向
Steering

方向盘的**正确**握法通常是 **3、9 点**位置，在赛道驾驶中一般不需要换手。

在漂移过程中，因方向盘**转动角度**有时会**很大**，所以换手**不可避免**，但常规换手动作有时会无法准确迅速转向。

如仔细**观察**漂移车手的动作，会发现当需要**连续旋转**多圈时，他们会尽量**保持**左手在左，右手在右，快速地互相推拉使方向盘**流畅**地**连续**转动。

漂移车手为了更方便地换挡、拉手刹，此时两手并**非**握在**标准**的 3、9 点，而是有所**错位**。

在漂移过程中，由于**重心快速转移**，为了抵消转向过度需要快速**反打方向**。但手再快有时也是来不及的。所以，很多时候是靠松方向让方向盘**自动回位**，甚至要借力"扔"方向。

手刹
Handbrake

拉**手刹甩尾**是**最基本**的**漂移动作**，手刹主要分为：钢索拉紧后刹车片和电机卡钳一体式后制动器两种。

钢索式手刹，无论传统的拉杆还是新型电子按钮式，都会因钢索**不耐用**在漂移中**掉链子**。

电子手刹，由于行车电脑的设定，会在持续拉起 2~3 秒后，紧急制动 4 个车轮，完全**不适合**用来**漂移**。

一般资深漂移玩家或职业车手都会改装**机械油压式手刹**，油压式手刹的**核心**是一个接入后轮刹车油管路的**液压泵**。

在拉动油压手刹的手柄时，液压泵会**独自**把原车的制动油泵给后轮，使原车液压制动系统**单独锁死**后轮，达到传统手刹的制动效果。

调节液压泵的压力还能改变制动力度，不过，液压泵**不可长时间**保持压力泵油的状态，所以油压式手刹**不能**再作为**驻车**制动器使用。

对于漂移，在入弯前朝弯心**打方向**，并**拉手刹**使车辆侧滑，等车身转到需要的角度，就放手刹回正方向并**加速出弯**。

液压手刹的目的是为了手刹自动回位，简化操作，争取更多把握方向盘的时间。

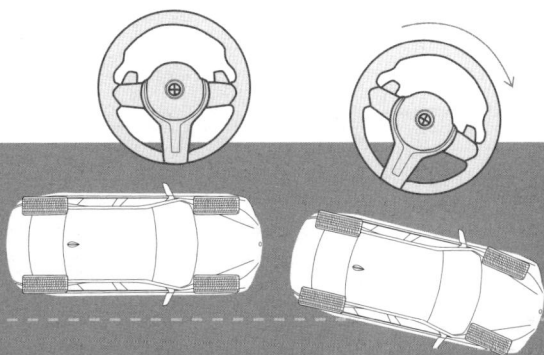

动力漂移

漂移的方式多达 N 种，其中**大马力后驱车**主要采用 Power-Drift，**完全靠**油门的**收放**与方向的**控制**来实现。

漂移必须**精确地**控制油门，何时深踩油门或是长时间含住油门，与想要的**漂移效果**有关，漂移中的油门控制甚至可总结为：**凭感觉**。

只有**刻苦**练熟后，才能懂得如何控制油门，并**不存在**绝对**通用**的**技巧**。

以 BMW M3 漂移过弯为例，首先采用**较高的速度**进弯，急打方向盘入弯的同时继续对油门施压，让后轮**失去抓地力**，当车尾开始向外滑动时还要继续**保持油门**，然后反打方向，将车轮指向行进路线，这时候你的车就会一直漂移入弯。短暂的几秒内需要对油门控制相当**细腻**，而经过弯心后适当**减少油门**并调整方向盘，以保持赛车前进方向。

说起来简单，但实际操作时，每个动作的时间、尺度都要**恰到好处**才能**一气呵成**，而怎么把握"度"，则**全凭感觉与经验**。

有些漂移教程会讲："此时踩下 **10%** 的油门。"可说实话，如果**不熟悉**车辆或动作不熟练，如何**保证**一脚下去**正好**是"10% 的油门"呢？

想学好漂移，得学会**稳住油门**，才能**线性**控制油门的开合，然后再从 40~60km/h 或更低的车速开始练习漂移，**欲速则不达**。

Throttle Power Drift

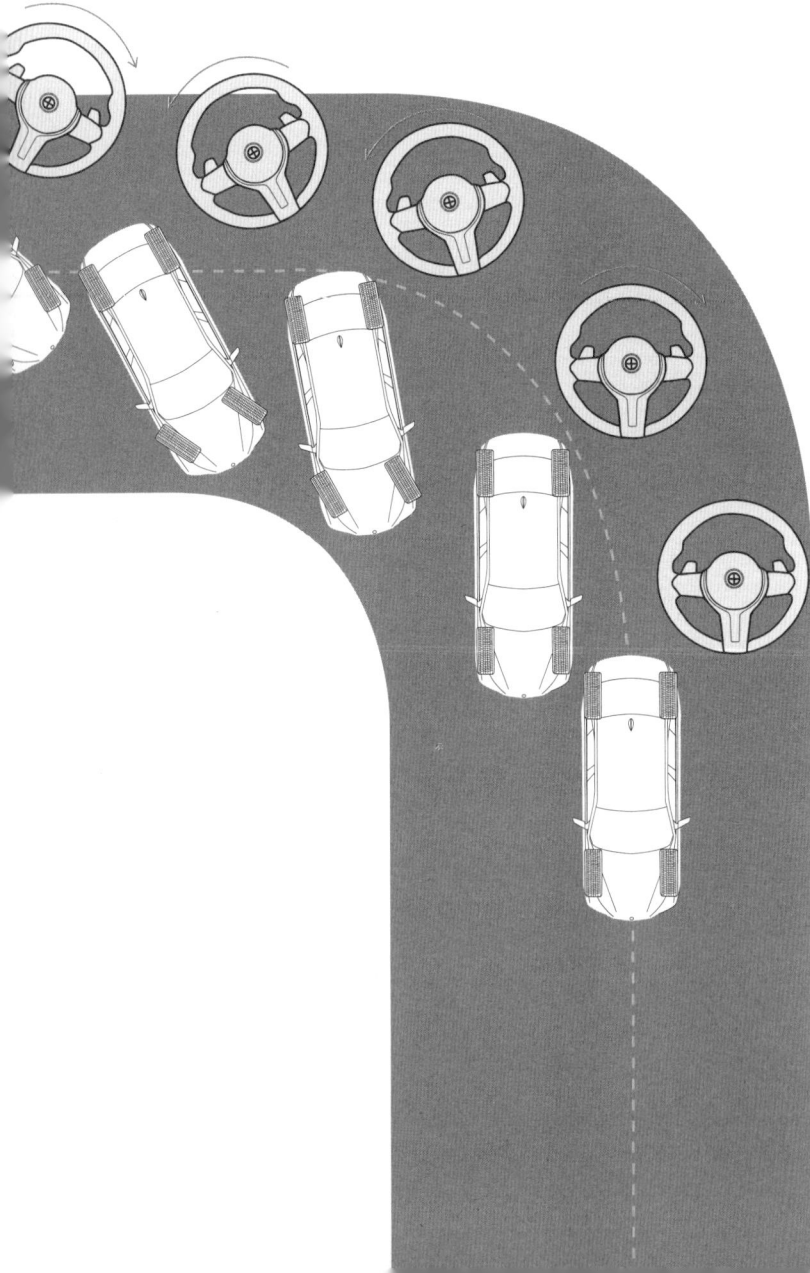

在拉力赛中的重心转移是如何实现的呢？就这张图来说，首先是弯前高速制动，然后向左也就是入弯的反方向轻打方向，在车身重心前移并发生车尾向右侧滑动时迅速向甩尾方向反打，以积聚能量等待入弯时机。在决定入弯的一刹那松开刹车同时向左打方向，车身会被迅速扭转到反方向，也就是预计的入弯方向，然后保持油门、控制好方向盘与车尾滑动的夹角出弯。

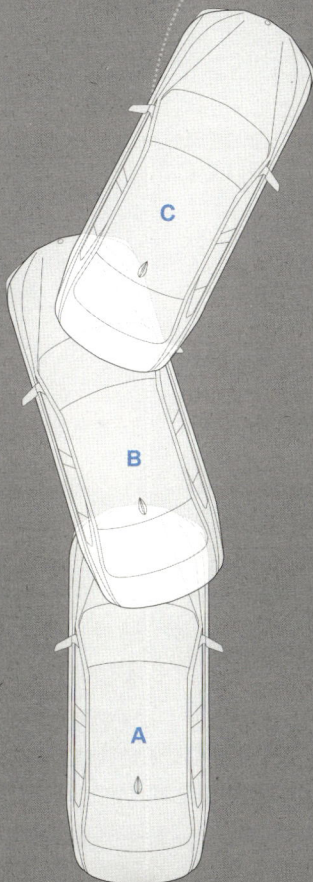

C · A · B

A · B

A

Scandinavia Drift

重心转移

有一种被称称为"Drifting with load shifting"的漂移玩法，也叫斯堪的纳维亚漂移，意指利用重心转移来实现漂移。

静止的刚性固体，其重心位置不会改变，但**运动中**的汽车其重心的位置就**一定会**发生**转移**。

在**急刹车**时，车身不仅因为惯性而保持前冲的姿势，同时还有**车头下沉**和**车尾上翘**的现象，此刻车辆的**重心已前移**。

如何利用重心转移来实现漂移？首先，加速度要**够大**才能**产生**足以转移重心的**惯性**，其次，一旦车身动态出现变化，让车辆漂移起来的机会就在这**瞬间**。

WRC 拉力赛中曾经流行的**"斯堪的纳维亚式过弯"**就是**典型**的重心转移式漂移。

这种过弯方式会**故意**把车头用力从弯道外侧向内侧**"摆动"**，使车辆重心在惯性作用下向弯道外侧转移，强迫车身甩尾并快速把车辆带入弯中，再通过**控制**油门，**保持**漂移的姿态出弯而**不至于**甩过头**失控**。

Circle
Drift

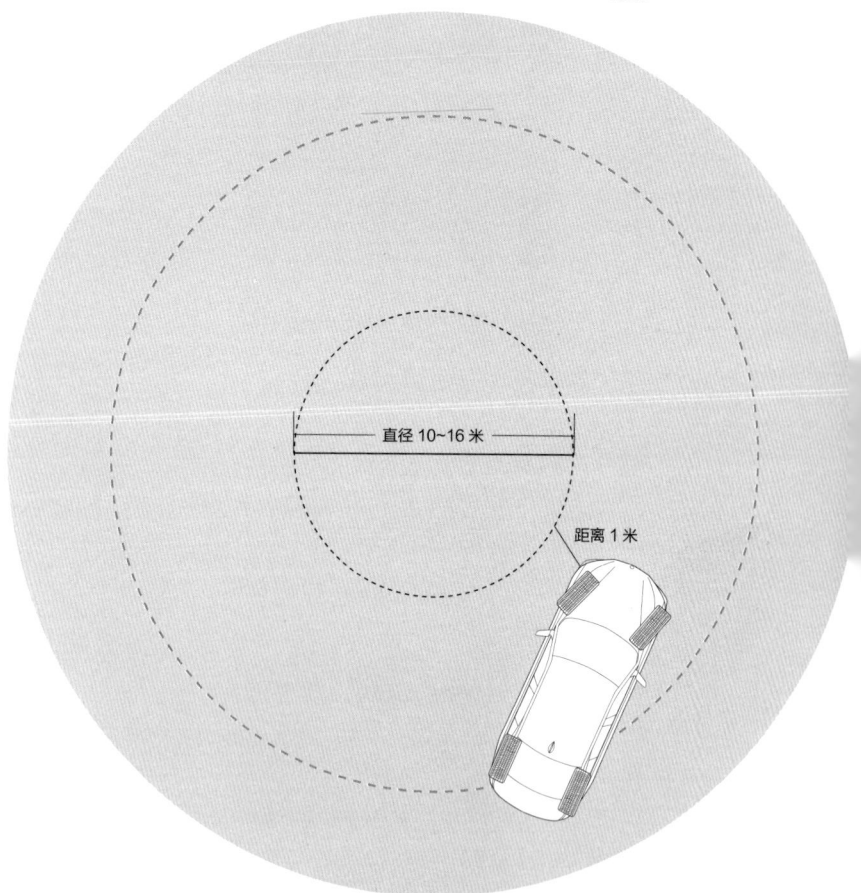

直径 10~16 米

距离 1 米

定圆与 "8" 字

用后驱车画出定圆是飘移的基本功，不要告诉我把方向打满玩命加油造成的响胎大推头是飘移，那只会让人笑掉大牙。

以下三种方法让你在没人指导的情况下学会画定圆。

1. 在一块空地，停车状态下把方向打 1/4 圈，切记不要太多。**全油门让后轮疯狂转起来**，当你感觉车辆开始滑动的时候双手轻轻松开方向盘，**让方向盘在你手心中自由地滑动**，不要因为车辆失控滑动而收油门，这个练习就是让你慢慢了解车辆极限转向过度的感觉，当你头晕了就可以停下来歇会儿。

2. 还记得教过大家原地烧胎的技巧么？左脚控制刹车，右脚保持油门高转速，让车辆在原地开始烧胎。在这个动作基础上**慢慢尝试把踩在刹车踏板上的左脚轻轻抬起，越慢越好**，这时候车辆开始一点点地向前移动，而后轮还是一直保持疯狂地打滑运转。好，现在开始**轻微地打一些方向**，无论是向左或向右，然后车尾开始向一侧滑动，你只需**向车尾滑动方向开始打方向**，慢慢地，优雅地，这一切都像慢动作一样。享受这一切的时候别忘了左脚保持刹车力度。

3. 如果前两种方法还不能让你找到感觉，或者你觉得挺难的话那么就试试最后一种方法：**用 8 个锥筒摆出一个直径 10~16 米的大圆，逆时针绕这个大圆，让锥筒距离车身左侧 1 米左右**。你要尽快地开，不要踩刹车，眼睛看着前方，余光能扫到左侧的锥筒不撞到就好。随着车速越来越快你会轻微地左右调整方向盘，感觉控制不住了或者推头了就慢一点，慢慢地你会感觉车尾会有滑动产生，不用管它，**尽管加快速度，让自己保持最快速地在这个圆形轨道行进而不失控，你手握方向盘会很自然地向着车尾滑动的方向快速调整**，一旦你找到了这个微妙的感觉它就属于你了，让车尾滑动更大些吧。但要始终记得前轮的朝向一定是这个圆的行驶轨迹，它与滑动的车尾一定有一个夹角，用来抵消转向过度造成的失控，没错，你可以控制这个滑动了（建议在湿滑路面或水泥路面练习）。打个比喻：就好像左边的锥筒是岩壁，右边是万丈深渊，后面有人追杀你，**你必须玩命地跑，但左边不能撞到岩壁，又不能冲向右边的万丈深渊**，这时感觉就来了。

控制这个滑动后你可以**再尝试调整画圆的大小**，这时候其实很简单了，想要画得圆大一些就向外侧修一下方向再小幅调回，想要画得圆小一些就向内侧修一下方向再小幅调回，这个圆就归你控制了，是不是很简单？

接下来练习一下**中心定圆**，放一个高度最好超过一米的锥筒在中央，用第二种烧胎起步的技巧来做，最开始的时候做逆时针旋转会简单和舒服些，用眼睛的余光看着这个中心锥筒，随着越绕越快和角度越来越大，**车头与锥筒的位置几乎保持始终如一，你会感觉车和锥筒定在了那里，而外面的世界一直在旋转**，切记练好前千万不要让漂亮姑娘替代那个锥筒。

当你练熟悉一种绕行方向的画圆时一定要抓紧**练习反向的画圆**，这对后面的"8"字画圆教学大有帮助。

在学画"8"字前你需要仔细看明白之前所讲过的**重心转移**，画"8"字其实就是连续的重心转移，**让每一个逆时针旋转紧接着一个顺时针旋转再接着一个逆时针旋转**，直到永远，这就是为什么让大家把正反画圆都练熟悉后再练"8"字的原因。我们把每一个定圆画完后在"8"字相交处积聚能量做到**最大限度的甩尾后收油减速、回抽方向（就是之前提到过的"扔"方向，让方向盘自动快速回位）再加油，变成下一个反向的定圆。**"8"字的练习千变万化，简单的方法可以用两个锥筒相隔 16 米左右，也可以用锥筒摆两个直径 8 米，外圆相距 8 米左右的双圆练习，甚至摆上间距不等、直径不同的几个圆同时交叉练习，这时候相信你已经迷恋上这种滑动，欲罢不能了。

Figure Drift

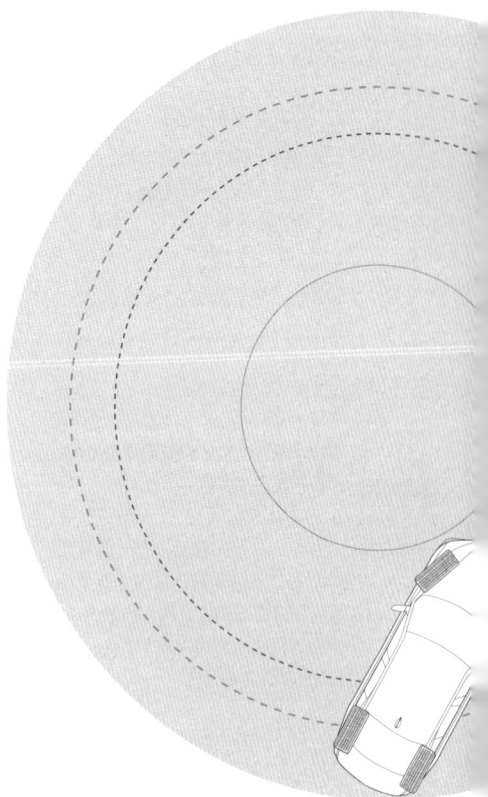

8

LSD 限滑差速器可**限制**空转车轮的扭矩，把扭矩**转给**有抓地力的车轮，使车辆有**足够**的驱动力来行驶。

装上 LSD 之后，车辆才能**安心**进行大油门漂移，却**不必顾虑**是否会出现原地**空转**的车轮。

BMW M3 配有**主动式** M 差速锁，其采用电子控制多片式限滑差速器结构，可使两侧车轮以相同的速度滚动，从而实现 **100% 锁止**的效果。

对于需要两侧后轮**同步**滑动的漂移车来说，LSD 无疑是**一大利器**。

而 LSD 的具体方式可参详第二章初阶驾驶技巧中的 LSD 介绍。

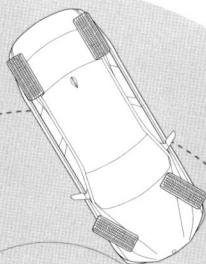

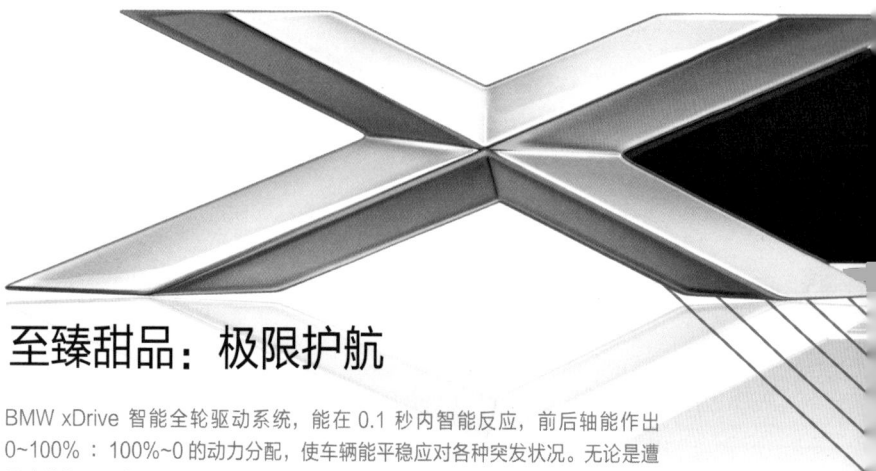

至臻甜品：极限护航

BMW xDrive 智能全轮驱动系统，能在 0.1 秒内智能反应，前后轴能作出 0~100%：100%~0 的动力分配，使车辆能平稳应对各种突发状况。无论是遭遇突发情况又或是助你挑战极限，xDrive 均能胜任。

xDrive
智能全轮驱动系统

在**中央差速器**还没被引入时，四驱车要**兼顾高速行驶**和**低速越野**，必须切换为两驱或四驱系统，不然会**损坏**刚性连接的**分动器**，此类系统只在部分时间具四驱能力，故称 Part Time 4WD（**分时四驱**）。

在分动器装入**中央差速器**之后，前后车轮之间有了**转速差**，便能在平地顺利地转向或高速驰骋，不再需要高、低切换机构，**时刻**都是**四轮驱动**，因此唤作 All Time 4WD 或 AWD（**全时四驱**）。

因中央差速器本身也能**分配扭矩**，所以还可以在必要时通过中央差速器**连接前后轴**，提供四轮驱动力，这类四驱系统称作 Real Time 4WD（**适时四驱**）。

BMW 的 **xDrive** 系统就是四个车轮随时都有驱动力的**全时四驱**（反应为三者中**最快**的）。

BMW xDrive **智能全时四驱系统**可将发动机动力全部**传给前驱动桥**或**后驱动桥**，而在公路行驶时，xDrive 的前后扭力分配为 40：60，相当于后驱车，再搭配高效动力系统，仍能有**出色**的**燃油经济性**。

智能全时四驱系统，无论是**在雨天**或是**冰雪路面**均拥有更**优秀**的**操控性能**。

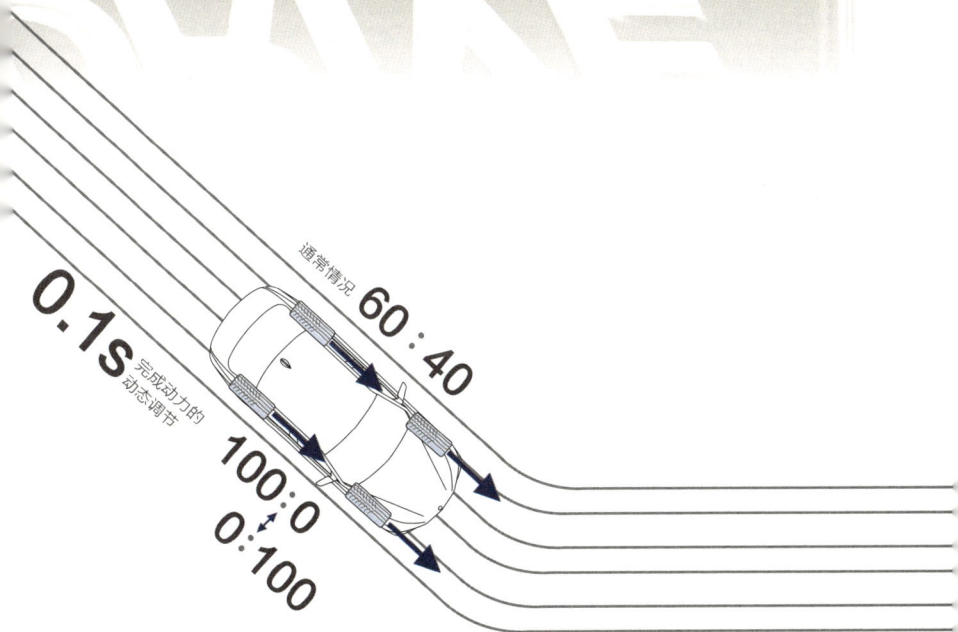

Tyre Force
轮胎受力

一辆汽车行驶在路上，它的轮胎时刻被各种力"折磨"着：驱动力、制动力、摩擦力……还有加速度的作用力以及车身负载，当轮胎"不堪重负"的时候，它就会失去抓地力。

在卡姆圆的范围内，轮胎都能传递力量驱使车辆运动。一旦所受合力突破卡姆圆的界限，轮胎将无法继续传递驱动力，车辆也会因为失去抓地力而变得不稳定。

汽车配备四驱系统，是为了合理分配四个车轮的驱动力，保证四条轮胎的受力都控制在卡姆圆内，尽量保持车辆的行驶能力。

Dynamic Traction Control
牵引力控制

在冰雪路面起步时，因冰雪路面摩擦系数低，起步易打滑，而一打滑，DSC 系统就会介入制止车轮转动，车辆就无法起步。如继续加大油门，则会陷入恶性循环。

按下 DSC OFF 按钮激活 DTC 再起步，驱动轮继续打滑，DSC 并未立即介入，随着 DTC 调整发动机的动力输出，驱动轮终于获得抓地力顺利起步。

在 DTC 激活时 DSC 并未完全关闭，只是推迟介入，若想完全关闭 DSC，需长按 DSC OFF 按钮，直到组合仪表出现 DSC OFF 字样，你就能和 3 系一起在冰雪上狂欢一把。

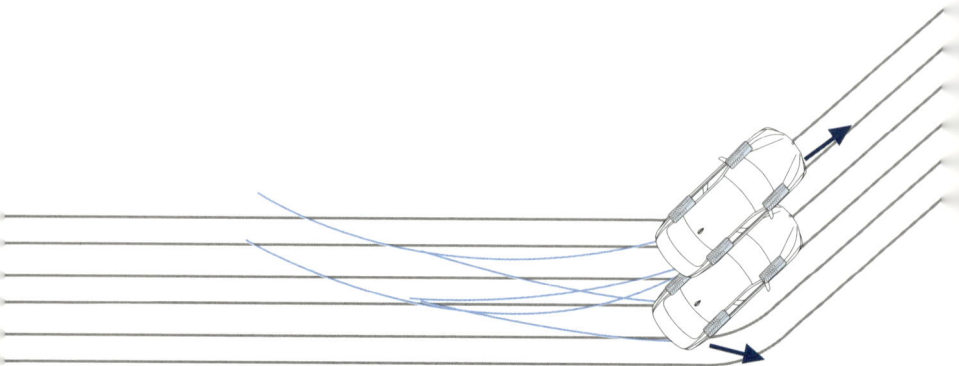

Dynamic Performance Control
驱动力分配

BMW 的 Dynamic Performance Control 动态驱动力分配系统，
通过两套电机**控制**的多片式**离合器**，分别为左右车轮**传递驱动力**，并
可根据需要及时**调节扭矩的分配比例**，起到**主动式限滑差速器**的作用。
一款 BMW 车型**同时装备** DPC 动态驱动力分配系统以及
xDrive 智能全时四驱系统，则意味着它不仅能以**更高**
的**车速**稳定地通过弯道，同时对于低附着力路面的
适应性亦**更好**。

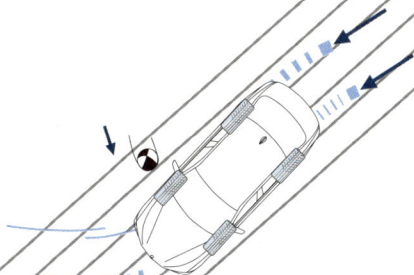

Dynamic Stability Control
稳定控制

BMW 在 **ASC** 的基础上，集成 **DTC** 动态牵引力控制、**CBC** 弯道制动控
制等系统，改称 Dynamic Stability Control 动态稳定控制系统。该系统
既能**降低**或**增加**发动机**扭矩输出**，也能**单独制动**车轮，以**提高**车身动态**稳定
性**，或在弯道中精确控制制动力，**降低**转向力对车身动态的**影响**。

部分新款 BMW 车型已配备 **DSC+** 扩展型动态稳定控制系统，**新增 5 项**辅
助功能——

刹车待命：可预判紧急情况并**提前**制动。
雨天刹车辅助：通过预制动**蒸发**掉刹车盘的水膜，该功能同雨刮器联动；
山路起步辅助：帮助手动挡车型在斜坡上起步，而**不会溜车**；
衰减补偿：长下坡中提供额外的制动力，**补偿**热衰减造成的制动力降低；
柔性驻车：在低速制动时，帮助驾驶员**平稳**地刹停车辆等。

Winter Driving

冰冻甜品：驾驭冰雪

想要成功驾驭冰雪世界，就必须小心再小心，因为在冰天雪地里，你的每一个错误都会被放大10倍。如果你胆敢将普通路面那一套驾驶习惯用在冰雪路面上，那结果就只有一个，在各种失控中被冰雪击败。当然，如果你有一辆配备了xDrive 的 BMW 3 系，就已经赢了 50%。

xDrive
智能全轮驱动系统

很多时候人们把四轮驱动**等同于** SUV 或越野车，事实上，跑车甚至轿车也可以配备四驱系统，比那些半调子的跨界车更适合在冰雪路面驰骋，如配备 **xDrive** 智能全时四驱系统的 BMW 328i。

BMW 轿车之所以能搭载 xDrive 系统，是因为 BMW 只通过电动控制的**多片式离合器**以及**钢链齿轮组**就构成一套**高效精致**的**中央分动箱**，使整套 xDrive 系统的核心部件能安放在 BMW 3 系轿车的底盘上。

BMW 的 xDrive 系统可根据车轮的受力情况，**自动**为前后轴**调整**的发动机扭矩**传送比例**，甚至能实现对前或后驱动桥的 100% 扭力分配，这无疑有助于车辆在附着力极低的冰雪路面**保持驱动力**。

驾驶带有 DSC 与 xDrive 系统的 328i 当然能在冰雪路面上**尽情狂欢**，但你要谨记**不能随便关掉**这些系统，否则各种油门过深将会引来**甩尾掉头**。

Winter Tyres
冬季轮胎

普通橡胶会在低温环境里**脆化**和**失去弹性**，这就是在 7℃ 以下的环境中，**必须**换装冬季轮胎的根本原因。

与夏季轮胎和四季轮胎相比，冬季轮胎采用**更软**的**橡胶混合物**，胎面有众多**开槽很深**的锯齿状纹路，更适应冬季道路环境。

冬季轮胎虽可在夏季干燥路面使用，但由于其质地偏软纹路较多，会导致车辆行驶**噪音大、油耗高，**同时轮胎的磨损也会**加剧**。

然而冬季轮胎亦并非**无惧冰雪**，结冰路面对于冬季轮胎而言会**太过光滑**，毕竟橡胶还**无力"抓"住**坚硬的冰面。

防滑钉胎表面嵌有**金属钉**，能**扎入**冰面，真正为车轮提供抓地力，但要注意的是，国内**不允许**在公路上使用钉胎。

Route
路线

BMW 3 系虽有先进的主动安全系统，能**修正**不稳定的车身动态，但如果在冰雪路面**选错**路线，只会让这些主动安全系统**疲于奔命**。

一般情况下冰雪路面分四种：普通**积雪路面**、**冻雪路面**、积雪融化后的**冰夹雪路面**以及**纯粹的冰面**。

积雪路面的**摩擦系数**最大，普通的雪地胎便能应付；而冻雪路面跟冰夹雪路面的摩擦系数略低，最好使用**防滑雪链**，或驾驶如 BMW **带有 DSC** 动态稳定控制系统的车型。

最**令人头疼**的是纯粹的**冰面**，即便起初被积雪遮盖，在众多车辆行驶过后，也会露出摩擦系数**最低**的冰面，行驶时需**避开**看上去呈黑色的冰冻轮胎痕迹。

牵引力控制系统能帮助车辆在冰雪路面起步，但并**不轻松**，且路面摩擦系数越低，起步越困难，停车时应尽量选择**摩擦系数高**的路面。

Grip
抓地力

众所周知，冰雪路面摩擦系数极低，在其上行车，抓地力便是一切。那么轮胎在何时会**失去**抓地力，何时才能**恢复**？

使用我们前面提到过的**"卡姆圆"**，来形象地说明轮胎抓地力的**变化**，一旦轮胎所受到的各种合力**超出**这个合集圆的范围，就会产生**打滑**的情况。

在冰雪路面正常起步或行车，必须**握稳**方向，并**小幅度**地控制油门。若想进行冰雪漂移，必须**关闭**车身主动**稳定系统**，以便车轮尽快**突破**抓地力**极限**而滑动起来。

夏季轮胎或四季轮胎的摩擦系数对于冰雪路面确实偏低，最好换**上冬季轮胎**，而在光滑冰面，甚至得用上**钉胎**才能获得足够的抓地力。

但在冰雪试驾以及冬季拉力赛常用的海拉尔冰雪赛道中，如果你想驾驶 BMW 3 系在这些**"冰厚三尺"**的**冻结湖面**上练习漂移，就得依靠钉胎来**保证**足够的抓地力。

Ice Drift
冰面漂移

如果想在雪地愉快地玩耍，最好驾驶配有**一系列电子或机械外挂**的车辆，如 BMW M3，此时如果碰见一片空旷的积雪冰面，为何不来一场**冰上漂移**呢？

在漂移之前，应当给车辆做些**保护**，积雪虽然松软，但厚重的雪堆仍能令保险杠**受伤**。

必须换上冬季轮胎，至少是有着密集锯齿胎纹的**雪地轮胎**，视路面状况，有时还得换上**钉胎**。

练习漂移时需小心谨慎，因冰雪路面附着力**极低**，尤其在车辆反复行驶之后，光滑的**冰面**会夹杂在积雪中间**裸露出来**，使操控变得**愈发困难**。

凭借 BMW 3 系**天生的**操控性，再加上**小心地**控制方向和油门，相信定能**顺利地**在冰面上愉快地漂移。

当然，在漂移前你还需要**关闭 DSC** 动态稳定控制系统，因为 DSC 正是为了**避免**车辆出现漂移而**存在**的。

同时也敬请留意漂移的路线，避免**吻上**雪堆。

制动力变化曲线

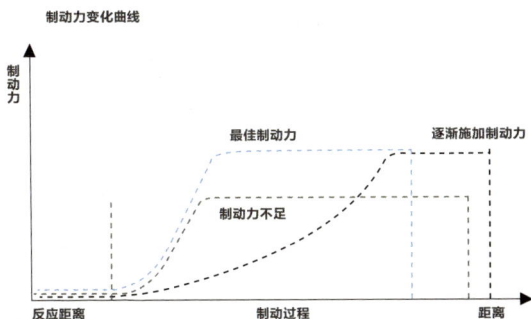

制动力

最佳制动力   逐渐施加制动力

制动力不足

反应距离   制动过程   距离

Brake
制动

冰雪路面由于**摩擦系数较低**，刹车距离会比在干的柏油路面制动时**更远**，这是大家都知道的常识。

假设在干柏油路面从 **60km/h** 开始全力刹车，到车辆停定需 15 米，那么同样条件下，在积雪路面这个距离会增至 46 米，而在冰面，制动距离将达到 **138 米**。

全力制动时，要**克服**心理**恐惧**，以**最大**力度在**最短**的时间内把制动踏板踩到底。踩得过轻或过缓，都会**增加**制动**距离**。

只有在第一时间给刹车踏板施加最大的"动力"，**ABS** 防抱死系统和 **EBD** 电子制动力分配系统才会被激活，以**保持**制动的**稳定**与有效。

在冰雪路面全力刹车时必须**稳住**方向盘，因为重刹再猛切方向是典型的漂移"起手式"，请记住，**最简单**的方法往往**最有效**。

终极甜品：赛道试练

随着驾驶技术的提升以及车辆性能的升级，驾驶者对速度的渴望也会愈发高涨。而感受极限速度与激情的最佳场所就是正规的赛车场。在那里，你的驾驶技术和车辆的综合性能将得到最严苛的评判。

方程式赛车
FORMULA

BMW Motorsport 正在推广"**Formula BMW Racing Experience**（BMW 方程式赛道体验）"的体验项目，为普通企业或组织提供有偿的**方程式**赛道**驾驶体验**服务。

训练车是由 **BMW Design works USA** 设计、BMW Motorsport 调校的 **FB02** 单座 **F3 级方程式**赛车。

赛车搭载了能在 **9000rpm** 爆发 **103kW** 功率的直列 4 缸 **1.2** 升发动机，配合 6 速序列式变速箱，可在 **3.5** 秒内完成 0~100km/h 加速，极速 **230km/h**。

跟 **F1 赛车**一样，FB02 赛车也有坚固的凯芙拉碳纤维单体壳座舱，而且，BMW 正计划给旗下的青少年车手培训计划**引入**这款 FB02 赛车。

德国房车大师赛
DTM

DTM 全称为 Deutsche Tourenwagen Masters，德文直译为**德国房车大师赛**。不过这是 2000 年重组之后新下的定义。DTM 的原意为**德国房车锦标赛**。

DTM 是欧洲**最流行**的量产车锦标赛之一，同时也是**世界顶级**房车赛事之一。

对于德国车厂，DTM 更是量产三厢车的"**紫禁城之巅**"，因为参赛 DTM 的都是德国汽车工业的一线大厂，如 BMW，旗下车型若能夺得 DTM 的年度总冠军自然很值得骄傲。

在 **1984 年** DTM 正式开始的**第一年**，BMW 就凭借 635 CSi 赛车夺得 DTM 历史上的**第一个**冠军。随后 6 年，BMW 更连夺 **6 次年度总冠军**。

从 2014 赛季开始，BMW 使用全新的 **M4 DTM** 赛车接棒荣誉战车 M3 DTM，继续征战这项传统顶级赛事。

BMWM4 DTM 赛车搭载一台 4.0 升自然吸气 V8 发动机，最高输出功率为 **353kW**，峰值扭矩则是 **500Nm**，配合 **6 速**序列式变速箱，能在 **3 秒**内完成 0~100km/h 加速。

2015 年，BMW 赢得了最佳汽车制造商奖项，仍在 DTM 的赛场上保有领军地位。

美国跑车锦标赛
USCC

United SportsCar Championship，直译为**美国跑车锦标赛**。
在国内虽鲜为人知，但在北美却是**"当红炸子鸡"**。

它是 IMSA 国际汽车运动联合会于 2013 年把北美**两大久负盛名**的**顶级赛事**——ALMS 美国勒芒系列赛和劳力士跑车系列赛**合并**而成的全新赛事。

从 2009 年就开始参加美国勒芒系列赛的 **BMW RLL 车队**，也将**继续征战** USCC。

纽博格林耐力赛
NURBURGRING

因为带给 F1 世界冠军**噩梦般**的回忆，更由于它**"毁车不倦"**，位于德国山林深处的 Nurburgring Nordschleife 纽博格林北环赛道，在赛车界享有 "Green Hell"（**绿色地狱**）之美誉。

24 Hours Nurburgring，纽博格林 24 小时耐力赛是跟勒芒 24 小时齐名的顶级耐力赛事，并且比勒芒耐力赛更考验车辆的耐用性与可靠性。

虽然大多数赛车都是 **FIA-GT3** 级别的标准赛车，但由于历史原因，一场纽博格林 24 小时耐力赛会有 **200 台**以上的各类赛车同场竞技。

2010 年，BMW 车队的一辆 **M3 GT** 赛车赢得**全场总冠军**。要知道在这样的赛道上驰骋 **24 小时**，能完赛就已是胜利，更何况是夺冠！

再往前，1998 年，基于 **BMW 320d** 改装的柴油动力赛车以**第一名**的位置坚持到终点。

而早在 1970 年，**首场**纽博格林 24 小时耐力赛中，作为 BMW 3 系的**祖先** BMW 2002 ti 赛车已突破重围并**"高中状元"**。

旗语及赛道规则
Flag Signal
& Track Rules

半个世纪以来，旗语**并没有被**无线通信设备所**取代**，因为它是相对**直接**且确保能被车手们**接收**到信息的重要方式。

除旗语外，赛道还有各种规则，如**最常见**的，在维修区范围内进出车速均不得超过 60km/h，进入维修区时不能影响其他赛道上车辆的行驶。

在赛道上发生严重意外时，需**迅速离开**车辆，不得在车辆附近停留。

赛道上任何情况下均**不能逆行**（条件允许，为脱离危险地带的除外）。

- 高效动力是物理学的恩赐
- 新时代的脉搏
- 平衡哲学，不仅是 50:50
- 舒适之道，愉悦至上
- 优质材料，造车之道
- 加长？不止这么简单
- 以 M 之名，站上巅峰

BMW高效动力
更少尾气排放, 更多驾驶乐趣。

高效动力是物理学的恩赐

直列六缸 + 自然吸气发动机, 毫无疑问地承载了无数驾驶者对于 BMW 3 系最真挚的回忆, 甚至痴迷, 而凭借这两项技术特质, BMW 3 系也成为了各类驾驶圣经中的常客。

从**第一代 BMW 3 系**（E21）开始, 直列六缸 + 自然吸气俨然成为了 BMW 3 系引以为豪的"名片"式特征, 然而车迷们所津津乐道的直列六缸布局, 从本质上来讲却是一个**物理学的恩赐**。

直列六缸发动机由于自身布局原因, 能够极好地平衡**惯性力矩**, 从而获得最**平顺的动力输出**。

直列六缸布局作为一种每个厂商都能使用的设计方式，为何只有 BMW 将之打造成了一块**金字招牌**，并在 BMW 3 系的历史中迸发出了极高的价值？

其中原因我们认为很简单，还是源于 BMW 对于**运动性能**的那种天生执着。BMW 会在这直列六缸技术领域**倾注大量研发人员的心血**，进而获得最优化、也最深入人心的动力表现。

随着如今涡轮增压的快速普及，**自吸 or 增压？**早已不是一个新鲜的话题。

对于驾驶者而言，与其说怀念自吸技术，倒不如说真正打动他们的是那时 BMW 3 系优异的高转速性能与线性动力输出，那种**最纯粹驾驶质感**。

新时代的脉搏

有人曾说过，如果你已经打造了一支**常胜之师**，那么就不必去做出什么改变。然而在汽车的世界中，是否**做出改变**并不是自己能够决定的。

曾信誓旦旦要坚持自然吸气的 BMW，也把准了新时代的脉搏，3 系也全面进入**涡轮增压时代**。

虽然 BMW 3 系已向往日的经典动力设计说再见，但也成功践行了**"不忘初心，方得始终"**的诺言。

在全新 **BMW 3 系**的动力序列中，涡轮增压已成为了唯一的发动机进气方式，然而看似其貌不扬的涡轮，正是 BMW 3 系新时代最大的**技术突破点**。

宝马在 N20 发动机与 **N55** 发动机上都采用了**单涡轮双涡管技术**。

我们只需知道 BMW 3 系的单涡轮双涡管技术可以显著避免涡轮增压的先天通病——**迟滞性**，彻底与迟滞性 Say goodbye。

N55 与 N20 发动机已成为近几年**"沃德全球十佳发动机"**评选中的常客。

引用 Top Gear 中 Jeremy Clarkson 缅怀萨博时说的最后一句话：不要忘记是谁提供的**发动机**，带着世界上**第一架涡轮喷气式战斗机**翱翔在巴伐利亚的蓝天下，It's BMW。

174

Not Only

平衡哲学，不仅是 50：50

E21

E30

50 : 50

E46

E90

50：50 前后轴重量分配，早已成为了 BMW 3 系的一张名片，然而就在完美配重的背后，还有着更加深奥的**平衡哲学**。

当然，在汽车市场竞争日益白热化的今天，平衡也存在于**汽车设计中**。

昔有**太极**倡导阴阳相生，今有瑜伽令人趋之若鹜，事实上这两种养生方法都是意在达到某种心境与身体的平衡。

回顾 BMW 3 系长达 40 年**"驾驶者之车"**的历史，之所以能够被全球无数驾驶者所钟情，正是因为平衡的哲学，也贯串了 BMW 3 系的技术特点以及宏观发展思路。

前后轴平均重量分配有利于四轮都拥有**均等的良好抓地力**，尤其是对于采用前置后驱的 BMW 3 系。

合理的重量分配也会使得车辆在急加速/减速的状态下，重心偏移对操控的影响降至最低。

要达到 50：50 的前后轴配重，在汽车工程学上**绝非易事**。

宝马的工程师给了我们两个并行的解决方案：**布局调整与材料优化**。

1285kg

E36
(325i)

1209kg

E30
(325i)

1975年

1110kg

E21
(323i)

2015年

1505kg

1490kg

F30
(328i)

1395kg

E90
(325i)

E46
(325i)

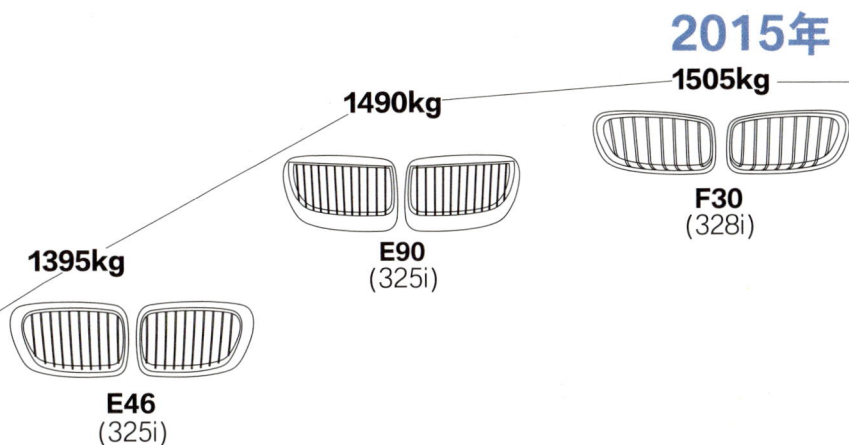

在发动机舱的布局上，BMW 3 系发动机位置较之其他车辆要**更加靠后**，前悬挂也大量采用了**铝合金等轻量化材料**，这也对车辆**重心后移**起到了十分关键的作用。

对于**汽车价值观**不断进化的理解，更构成了 BMW 3 系**"我思故我在"**的平衡哲学。

初代 **BMW 3 系（E21）**诞生于 1975 年，然而它最初诞生的目的，是为了面对 20 世纪 70 年代石油危机后大排量车型衰退的浪潮。

BMW 意在以精悍的车身与相对较小的发动机排量，赋予 BMW 3 系**最运动化**的鲜明特征。

随后在第二代 **BMW 3 系（E30）**的打造上，工程师为其准备了更加强大的引擎，但更重要的是，内饰的用料与配置也有了大幅的提升，称之为**蜕变**并不为过。

而从 20 世纪 90 年代的 E36，一直到今天的 F30/35，BMW 3 系越发的**全面与成熟**，在恪守自己运动特质的同时，也在以不断升级配置，着力平衡**"运动"**与**"豪华"**这两大元素。

这无疑是 BMW 3 系的**诞生之源**，通过豪华感的不断提升以及与生俱来的**运动特质**，BMW 3 系提供了不断完善、不断平衡的汽车价值观。

而从 **50：50** 的前后轴配重比的自身机械设计特点，到**运动＋豪华**的宏观发展思路，BMW 3 系自身独特的平衡哲学，正是其绵延 **40 年"驾驶者之车"**传奇的源泉。

The Most Important Thing is Pleasure

舒适之道，愉悦至上

关于舒适，尽管每个人感受都不尽相同，但这并不妨碍 BMW 3 系以它所理解的舒适之道，将愉悦至上的驾驶体验贯彻到底。

伴随着科技的不断进步，汽车分享着人类社会最尖端的科学成就，工程师们努力探寻的不仅是速度极限，还有最纯粹、舒适的驾控体验。

平衡是 BMW 3 系造车哲学中**浓墨重彩**的一笔。

从初代的纯粹运动风格，到如今的豪华运动质感，BMW 3 系在一代代产品更迭中不断**突破自我**，确定了其独一无二的平衡之道。

BMW 3 系作为长期站在"驾驶者之车"**顶尖的"掠食动物"**，始终将驾驶者放在核心位置主导整车的进化方向。

在"环绕航空舱"的设计灵感之下，BMW 3 系倾向于驾驶者的中控台设计可以令驾驶者轻松掌握仪表显示屏上所有重要控制按钮，最大程度降低驾驶中可能受到的外界干扰，更好地享受**人车一体**的操控乐趣。

从全铝制的欢迎踏板开始，Dakota 全真皮座椅和真皮方向盘手感细腻，木制面板与镀铬条的纹理变化**兼具质感和装饰性**。

世界顶级的扬声器制造公司 Bose 首次与 BMW 3 系联手，高保真的立体音效全方位提高 BMW 3 系的**豪华质感**。

BMW 3 系深谙舒适并不仅仅是内饰方面的质感，更是驾驶模式、悬挂调校等多方面影响下车辆的**综合表现**。

对于整车的调校 BMW 3 系有着近乎于苛刻的执着，正是这份执着才成就了 BMW 3 系"驾驶者之车"之名。

与 BMW 3 系共同感受路面的每一寸起伏时，那种真实而专注的驾控感受就是 BMW 3 系工程师们不断追求的**舒适之道**。

High Quailty Material

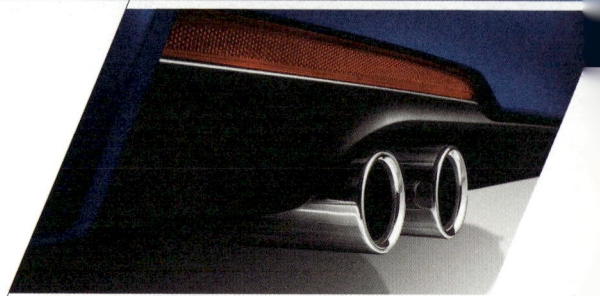

优质材料，造车之道

在百年汽车工业的历史长河中，先进科技的加持让汽车更加复杂，若抛开这些花哨的科技属性回溯造车的本源，你会发现 BMW 3 系依然遵循着最踏实厚道的造车之道。

不论是老子《道德经》中的"合抱之木，生于毫末"，还是荀子《劝学》所述"不积跬步，无以至千里"，都在反复强调基础的重要性。

在汽车的世界中，**基础同样重要**，综观汽车制造流程，能称为造车基础的毫无疑问必定是车身材料。

去掉科技武器加持再回头看看 BMW 3 系那副底盘和车架，你会发现 BMW 3 系依然遵循着最踏实厚道的**造车之道**。

如此看来，有着纯正德意志血统的 BMW 3 系颇有中国古时诚信厚道的"晋商"风范。

在汽车生产中，制造成本的方方面面都需要**认真考量**，在汽车制造行业竞争如此激烈的今天，BMW 3 系也不得不尽可能地寻求厚道与成本之间的平衡。

High Quailty Material

古语有云：厚栋任重。优质的材料必定肩负着沉重的使命，在 BMW 3 系的造车之道中同样如此。

BMW 3 系坚持在车身和零件中尽可能地选用铝制材料，不仅发动机的驱动部件为**镁铝合金材料**，就连整副悬挂都突破性地使用了全铝材质。

对于优质材料的坚持，让 BMW 3 系车身质量更轻，运动性和操控性更强，这不仅是对厚道原则的坚持，更是对"驾驶者之车"之名的**尊重**。

在许多车迷心中 BMW 3 系是曾经的"自吸之王"，也是顶尖的"驾驶者之车"，它代表着操控、运动与速度的统一，以及长达 40 年的**坚持与骄傲**。

正是这样的骄傲，让 BMW 3 系能有君子般的**秉节持重**，让 BMW 3 系在如今"乱花渐欲迷人眼"的汽车市场悠然自得、不卑不亢。

BMW 3 系是**骄傲的**，它不能为了成本控制而放弃全铝制多连杆悬挂，放弃完美的 50：50 前后轴配重。

以如今的商业眼光看来，BMW 3 系**厚栋任重**，大材大用的思路，更带有一些追求极致性能的色彩，厚道，只因骨子里放不下的骄傲。

加长？不止这么简单

诚然，轴距加长是全新 BMW 3 系最显著的特征之一，
然而它对中国声音的倾听，远不止这么简单。

Long Whee

Base Model

Long Whee

长轴距车型

有道是众口难调，相信千千万万中国驾驶者也都有着不同的汽车审美观，然而对于车内配置与后排空间的偏好，能够概括**大多数中国驾驶者的消费偏好**。

在 BMW 3 系的词典中，加长虽然是非常重要的关键词，但并不能概括全部，**基于加长，而不止于加长**，正是 BMW 3 系国产化中的核心思想。

在最新一代设计 BMW 3 系（F30）中，轴距较上代车型（E90）增加了 **50mm**，而国产版长轴距车型（F35），轴距比标准版还要长 **110mm**。

在长轴距国产车型面世后，BMW 3 系也旋即成为了**焦点**。

Base Model

长轴距版 BMW 3 系是与标准轴距车型同期在德国研发设计的，**并不是基于标准轴距版对轴距简单的拉长。**

长轴距版 BMW 3 系同样拥有家族的运动 DNA，**50：50** 前后轴重量分配，敏捷的操控。

除了轴距的增长，在配置上国产长轴距版 BMW 3 系也新增了诸如自动泊车系统、全景摄像机等**中国消费者偏爱的选项。**

值得一提的是，作为 BMW 3 系的动力核心，N20 发动机也在华晨宝马铁西工厂实现了国产化，这也是 BMW 在欧洲之外唯一 一座**立足全球标准**的发动机工厂，足以展现对中国市场的重视。

"**汽车互联**"的概念已成为信息时代中，汽车发展的前沿方向之一，而 BMW 3 系则以 **iDrive** 系统之名，诠释了自己对汽车互联的理解。

事实上，BMW iDrive 系统自 2001 年就已面世，如今已发展到了**第三代**。

总体来看，第三代 iDrive 系统**以互联网技术为基石**，可为驾驶者提供天气、新闻、股票等多种资讯，并通过呼叫中心实现远程定位、遥控解锁以及道路救援等多重实用功能。

第三代 iDrive 系统实现了**智能手机与车辆电子信息系统的整合**。通过将 iPhone 与车辆连接，可在 iDrive 系统中浏览用户的新浪微博、手机日历中的日程安排等多重功能。

从轴距的合理加长，到全球统一的制造标准；从 iDrive 系统的同步引进，到极具中国特色的软件兼容，**BMW 3 系中国化**的转变存在于方方面面。

而从市场实际表现来看，BMW 3 系转变的结果是**被广泛认同**的，当然在这背后也凝结了很多 BMW 工程师的智慧与汗水。不仅是加长，BMW 3 系的**"入乡随俗"**，堪称典范。

Drive

保持镇静

KEEP CALM

AND

感受 BMW M3

DRIVE A BMW M3

ONE LOVE

挚爱

M-Power Story

以 M 之名，站上巅峰

BMW M3 以高超的技术，为我们讲述了属于巅峰的动人故事。

在 BMW 3 系的家族血脉中，"运动"当仁不让地占据了核心地位，而如果要在之前再加一个极致的注脚，BMW M 系列则将是一个最完美的诠释。BMW M GmbH（BMW M 股份有限公司）是 BMW 集团高性能车型研发制造部门，早在 1972 年就已成立，经过四十余年的发展，BMW M 系列早已成为了极致速度的代名词。而当以运动之名出生的 BMW 3 系遇到 M 的极致，它们激情融合后的产物 M3，终于站上了终极巅峰。作为高性能豪华轿车的标杆，M3 的诞生可以追溯到 1987 年，BMW 计划参加 Group A 赛事。在当时，BMW M 部门自然将目光投向了操控性极佳、拥有天生运动基因的 BMW 3 系车型。因为拥有一副天生的好身板，所以在悬挂部分初代 M3 与当时普通三系（E30）的结构相同，以强化的思路为主。为了打造一台能够参加世界顶级赛事的蓝本车型，动力升级成为了 BMW M 部门工程师的重中之重，2.3 升发动机的功率被提升至 200 马力。初代 M3 在赛场和民用市场都取得了显赫的战绩，1987 年 Roberto Ravaglia 驾驶着初代 M3 赛车首次

夺冠之后直至 1991 年停产，初代 M3 赛车在世界赛事中共获得 25 次冠军，也开启了 M3 极致篇章的第一页。从第二代 BMW 3 系（E30）开始至今，在每一代车型中，BMW 都推出了相应的 M3 版本。尽管现世代 M3（F80）六缸发动机的排量不及前代车型（E92）的 V8 "大杀器"，但是 BMW M 部门的工程师用涡轮增压以及更先进的发动机控制技术，成功延续了 BMW M3 家族每一代车型较前辈都更快更强的传统。"更快、更高、更强"，这句奥林匹克的座右铭或许能够完美诠释 BMW M3 近 30 年的精彩历程。诚然，汽车从百年前诞生至今，早已不仅是为人们提供位移服务的交通工具，更成为了力量、艺术以及自由的代名词，当然还有极致的速度色彩。从 BMW M3 极致速度的演变史，到 BMW M3 与赛车传奇们讲述的最动人故事，这种极致速度也被赋予了真切、强烈的情感，我们有理由相信，只要心脏还在跳动，车轮仍在向前，那么这种精神，就永远不会画上休止符。

:M3

BMW M3（E30）
1986—1992
190kW/6750rpm

BMW M3（E36）
1992—1999
236kW/7400rpm

BMW M3（E46）
2000—2006
252kW/7900rpm

BMW M3（E92）
2007—2013
309kW/8300rpm

BMW M3/M4（F80/F82）
2014 至今
317kW/5500~7300rpm

F82

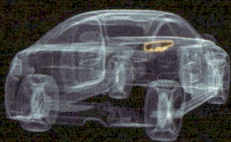

M4

1. 中冷器
直接高效

2. 双涡轮增压器
快速响应、优化气道

3. 合金缸体
LDS 涂层、无衬套、轻量化

4. 曲轴
高扭转刚度、轻量化、高转速

5. 活塞
高强度、轻量化、高转速

6. 润滑系统
赛车级别、双流道循环油泵、
增压器抽吸系统

7. 油底壳
镁合金、轻量化、赛车级别

8. 行李厢
碳纤维、减轻 5kg、空气动力学尾翼、
灵感源自 BMW M3 CSL

9. 车顶
碳纤维轻量化结构、
空气动力学凹槽

10. 车顶弓形结构
碳纤维

11. 前塔顶支架
1.5kg、强化动态性能、
加强转向的灵敏性和准确性

12. 传动轴
碳纤维、一体式结构、降低转动惯
性、提升刚性、改善加速响应速度

13. 冷却系统
直接高效、赛车级别、
负责发动机与变速器的冷却

14. 传动系统
快速响应、轻量化、
高强度、高效、赛车级别

15. 悬挂系统
轻量化前轴、轻量化后轴、优
化反馈电动助力转向、高性能
轮胎、碳纤维结前塔顶支架

16. 底盘
高刚性车身结构、后桥与副车架连
接、轻量化减震器、M 悬挂、M 碳
陶制动系统

17. 空气动力学
M 鲨鱼鳃气道、优化前后保险杠

M3

M4

Time Line

时间线

	1975—1983	1982—1994
车型（Body）	**E21** 2-door coupé 2-door cabrio	**E30** 2-door coupé 2-door convertible 4-door saloon 5-door touring
发动机（Engine）	I4, 1.6L 1.8L 2.0L 56~93kW	I4, 1.6L 1.8L 66~83kW
	I6, 2.0L 2.3L 90~107kW	I6, 2.0L 2.3L 2.5L 92~125kW
变速箱（Transmission）	3AT 4MT 5MT	3AT 4AT 4MT 5MT
布置形式（Layout）	FR	FR xDrive

BMW 3 Series
BMW M3/M4

1975   1980   1985

	1985—1
车型（Body）	**E30** 2-door co 2-door co
发动机（Engine）	I4, 2.3L 143~158
	I4, 2.5L 190kW
变速箱（Transmission）	5MT
布置形式（Layout）	FR
0~100km/h	6.4s
最高时速（Top Speed）	248km/h

第七章

运动之王 40 年

40 岁正值不惑之年。
而对于 BMW 3 系，
40 年绝非"不惑"这么简单。
它凝结了太多人的智慧，
承载着太多人的激情。

1990—2000	1998—2006	2005—2012	2012—
E36	**E46**	**E90** 4-door saloon	**F30** 4-door saloon
2-door coupé	2-door coupé	**E91** 5-door touring	**F31** 5-door touring
2-door convertible	2-door convertible	**E92** 2-door coupé	**F34** 5-door Gran Turismo
4-door saloon	4-door saloon	**E93** 2-door convertible	**F35** 4-door long wheelbase
5-door touring	5-door touring		
I4, 1.6L 1.8L 1.9L	I4, 1.8L 2.0L	I4, 1.6L 2.0L	I4, 1.6T 2.0T
74~103kW	77~105kW	85~130kW	100~180kW
I6, 2.0L 2.0L 2.8L	I6 2.0L 2.2L 2.5L 2.8L 3.0L	I6, 2.5L 3.0L 3.0 TT	I6, 3.0T
110~142kW	110~175kW	130~240kW	225kW
4AT	4AT	6AT	8AT
5AT	5AT	6MT	6MT
5MT	5MT		
6MT	6MT		
FR	FR	FR	FR
	xDrive	xDrive	xDrive

```
              1995            2000          2005
               |               |             |
```

1992—1999	2000—2006	2007—2013	2014—
E36	**E46**	**E90** 4-door saloon	**F80** 4-door saloon
4-door saloon	2-door coupe	**E92** 2-door coupe	**F82** 2-door coupe
2-door coupé	2-door convertible	**E93** 2-door convertible	**F83** 2-door convertible
2-door convertible			
I6, 3.0L	I6, 3.2L	V8, 4.0L	I6, 3.0L, Twin Turbo
213kW	252kW	309kW	317kW
I6, 3.2L			
236kW			
5AT	6MT	6MT	6MT
5MT	6 SMG	M-DCT	M-DCT
6MT			
6 SMG			
FR	FR	FR	FR
5.2s	5.1s	4.6s	3.9s
250km/h	270km/h	286km/h	280km/h

- BMW 3 系（1975 年至今）

  比王者出现更早的，是王者精神
  一举开创运动轿车先河
  双赢传奇，加冕运动王者
  接二连三，刷新运动驾趣
  四海一心，皆为运动而生
  五项科技，超越运动经典
  六代历练，运动王者从未妥协

- BMW M3/M4(1985 年至今)

  肩负使命 身披荣耀
  点燃无数车迷的激情
  性能图腾不断进化
  骨灰级 Bimmer 的大爱
  经典直 6 的强势回归

第六代 F30/35
（2012 至今）

第一代 E21
（1975—1983）

第六代BMW 3系

第一代BMW 3系

> 1975 年至今
BMW 3系

第五代 E90/91/92/93
（2005—2012）

第二代 E30
（1982—1994）

第四代 E46
（1998—2006）

第三代 E36
1990—2000）

四十载纯粹驾趣，
激情不灭，
传奇仍在继续……

BMW 3 系前身车型

2002

比王者出现更早的，
是王者精神

20 代表的是 2.0 升发动机, 02 代表当时的系列, 2002 是当时速度最快的车型之一, 超过了很多双座赛车。

1968 年, Dieter Quester 驾驶 BMW 2002 赢得欧洲房车赛冠军。

BMW 公司开发出第一台涡轮增压发动机, 于是就有了 2002 Turbo。

BMW 2002 是 3 系的鼻祖, 而 2002 turbo 则是 M 系列高性能车型的原型车。

2002 Turbo 称霸赛道的成功让 BMW 开始重视涡轮增压技术, 并在 20 世纪 80 年代决定进军当时采用涡轮增压发动机的 F1 领域。

第一代 BMW 3系

第一代 1975—1983

E21

BMW 3系

一举开创运动轿车先河

首创驾驶者导向的中控台设计理念。

1975 年，第一代 BMW 3 系诞生。

首次搭载直列六缸发动机，将当年同级别最高时速刷新至 190 千米/小时。

中控台采用以驾驶者为中心的创新理念设计，经典沿用至今。

BMW 由此开创豪华运动轿车新流派。

运动王者，崭露锋芒。

马力创造奇迹，BMW M3 诞生。

1985 年，第一代 BMW M3 问世，搭载突破
200 匹马力的四缸发动机，再次推高运动门槛。

1987 年，BMW M3 马不停蹄地斩获包括世界房车锦标赛（WTCC）、欧洲房车
锦标赛（ETCC）、德国房车大师赛（DTM）在内的多项世界顶级赛事冠军头衔。

6 年间，全球累计超过 230 万辆的销量，亦印证了第二代 BMW 3 系的无上荣耀。

加冕王者，实至名归。

第二代 1982—1994

E30

BMW 3 系
双赢传奇，加冕运动王者

第三代 1990—2000

E36

BMW 3 系
接二连三，刷新运动驾趣

第三代 E

优雅轻量化车身，操控极致敏捷。

第三代 BMW 3 系，以更流畅的车身设计，满足了时代对空气动力学更高的要求。

1992 年，无边框车门设计，让新一代双门轿跑车优雅至极。

精心调校的后驱系统、首次引入 VANOS 技术的全新铝制缸体发动机，以王者姿态倡导更高动力、更低油耗的运动风范新基准。

轻量化让每一次加速与过弯无比自信。

运动之王，如虎添翼。

第四代BMW 3系

运动驾趣经典之作，开启中国制造。

第四代 BMW 3 系的辨识度绝不仅仅来自流线型的头灯设计，全新一代直
列六缸发动机堪称这一代经典中的点睛之笔，令追随者难望项背。

创新的 Double VANOS 双凸轮轴可变气
门正时系统以及 Valvetronic 电子气门技
术，让强大动力亦可平顺输出。

2003 年，BMW 3 系驶下中国生产线，豪华运动的卓越品质，全球如一。

王者，当仁不让。

第四代 1998—2006
E46
BMW 3 系
四海一心，皆为运动而生

全新电子科技，缔造新传奇。

第五代 BMW 3 系，再次定义了豪华运动轿车的标准，领先运用五项创新科技，包括 iDrive 人机交互系统、BMW 高效动力技术、TwinPower Turbo 技术、电动助力转向系统、铝镁合金缸体发动机。

而这一代 BMW M3 更搭载了前所未有的 V8 自然吸气高转速发动机，拥有至高无上的动力表现以及无与伦比的精准操控。不断突破，只为再造经典。

第五代 2005—2012

E90

BMW 3 系
五项科技，超越运动经典

2012 年至今

F30/F35

BMW 3 系
六代历练，运动王者从未妥协

第六代BMW 3系

更多驾趣，开拓长轴距空间。

第六代 BMW 3 系，运动王者全面升级，更将 40 年纯正运动基因传承至长轴距车型。

发动机全面增压，强悍动力延绵不断，开启"Sport+"模式，卓越的运动变速箱完美承接每一次微妙的运动需求。

BMW 互联驾驶，让驾趣得以广泛延伸。

BMW高效动力技术,完美兼得更少排放与更多驾驶乐趣。

风尚、豪华、运动三款设计套装，满足更多个性需求。

四十载纯粹驾趣，激情不灭，传奇仍在继续。

1628 天
赢得 1436 场比赛的胜利，
这是属于
BMW M3 的传奇！

第二代 E36 M3
（1992—1999）

第一代 E30 M3
（1985—1992）

第五代 F82 M4
（2014 至今）

第四代 E90 M3
（2007—2013）

第三代 E46 M3
（2000—2006）

>1985 年至今

BMW M3/M4

为了重返世界房车赛的领先行列，BMW 授意"发动机之王"Paul Rosche 设计了一款新型赛车发动机——BMW M3 由此诞生。

基于 E30，肩负着 BMW 出征 DTM 德国房车大师赛的使命。

5 个月，150 天，3600 小时，基于量产车打造，共享核心机械部件，年产量超过 5000 台。

4 汽缸 16 气门，最大输出 195 马力，百公里加速 6.5 秒，最高时速 225 千米/小

为什么是 4 缸，而不是 6 缸？

因为要获得超高转速。6 缸发动机的曲轴较长，发生震动早于短曲轴的 4 缸发动机，而在当时的技术条件下还难以解决。

E30 M3 与普通 3 系一样被安排在慕尼黑 Milbertshofe 工厂生产，但动力传动系统由特别团队进行组装。

这一代 M3 只衍生出一款车型，但是却有 7 个特别版本出现，每一个版本都是一段故事和纪念。

M3 敞篷版在 1988 年正式推出，亮相之时车型采用的是 6 缸发动机和四驱底盘，量产时则换成 S14 四缸发动机和后驱底盘。

BMW M3 身上注入了当时最先进的赛车技术，又能兼顾日常使用，把赛车的基因融入到民用车中对于宝马来说是值得骄傲的。

肩负使命 身披荣耀
第一代（1985—1992）

E30 M3

点燃无数车迷的激情
第二代 (1992—1999)

E36 M3

第二代 M3 的诞生引领了 "6 缸时代" 的到来。

直 6 NA，BMW 当之无愧的明星发动机。

卓越的 VANOS（可变凸轮轴分布）技术由 BMW 发动机专家研发。

3.0 升发动机的最大输出功率为 210 千瓦，百公里加速 5.4 秒。随后的 3.2 升版本，提升到 235 千瓦和百公里加速 5.2 秒。

发动机虽然体形更长，但位置更加靠后，就在仪表台下面，差一点 1L 就安进了驾驶舱。而这样布置正是为了前、后 50 ：50 的完美配重。

继承了前代的麦弗逊式独立前悬挂和多连杆式独立后悬挂，悬挂高度降低 31 毫米，由 M 公司进行强化。

六款限量版车型分别是 M3 Euro-Spec（加拿大限量版）、M3 CSL（M3 LTW）、M3 GT、M3 GT- R、M3- R 与 M3 Evolution Imola Individual。

French Auto Plus 评选它为 "本世纪最伟大的汽车"。

性能图腾不断进化
第三代 E46 M3（2000—2006）

E46 M3

双肾格栅设计得更宽，铝制发动机舱盖中间向上隆起。

前翼子板上独特的侧格栅鲨鱼腮设计，很容易联想到 20 世纪 60 年代后期到 70 年代早期生产的 E9 双门轿跑车。

换挡时间仅为 0.08 秒。

CSL 是 Coupe Sport Lightweight 的缩写，M3 CSL 总共生产了 1383 辆。

两个纪念版车型：限量 30 台的"BMW M 30 周年纪念版"和限量 50 台的"银石赛道纪念版"。

通过智能化轻量技术和大量赛车化碳纤材质，宝马 M3 CSL 车重骤减 110 千克，仅 3.85 千克 / 马力的功率重量比，令整个车坛为之震撼。

S54 发动机由上一代的 S50B32 3.2 升直列 6 缸发动机进化而来，采用 Double VANOS 技术，最大输出功率 252 千瓦，百公里加速 5.2 秒。

M3 GTR 的性能比 M3 CSL 更疯狂，它搭载 4.0 升 V8 发动机，百公里加速仅需 4.7 秒，只生产了 5 台。

SMG 6 速顺序式变速器的换挡逻辑包括 6 种自动模式、5 种手动模式，电脑具备自学和纠错功能。

BMW 只允许 M3 的车身外壳、车门、行李厢和照明系统等约 20% 的部分与普通 3 系共享，其余部分则重新开发。

4.0 升 V8 发动机，最大功率 309 千瓦（420 马力），最大扭矩为 400 牛顿/米。
并植入了 Double-VANOS 双可变气门正时系统，红线区转速高达 8400 转/分。

四门版 M3 10 年后再次回归，代号为 E90 M3，双门版是 E92 M3，敞篷版是 E93 M3。

基础结构与 E60 M5 和 E63 M6 所使用的 S85B50 V10 完全相同，只是将其缩减为 V8 的形式。

V8 虽然比前代发动机的排气量大，但重量反而减轻了 15 千克。

变速箱匹配的是 ZF 的 6 速手动变速箱，首次配备 M-DCT 7 速双离合变速器，具有 11 种换挡逻辑。

5 款为 BMW M 官方推出，20 款是 BMW 根据不同国家经销商要求，针对某一个特定市场推出的定制版，比如 2010 年向中国市场推出了 30 辆 M3 虎年特别版。

两款终极限量版——E90 M3 CRT 四门轿车和 E92 M3 GTS 双门轿跑车
在 BMW M 的 Garching 工厂手工打造。

这一代的特别版多达 27 款车型，这是前所未有的。

E92 M3 GTS 的 V8 发动机排量增至 4.3 升，最大输出功率提高到 331 千瓦，总共生产了 138 辆。
E90 M3 CRT 比普通 E90 M3 四门轿车轻了 45 千克，总共生产了 67 辆。

骨灰级 Bimmer 的大爱

第四代 E90/92/93 M3（2007—2013）

E9X M3

重回 6 缸时代。

新的动力总成所具有的爆发力是 V8 发动机所无法比拟的。

全新的 3.0 升直列 6 缸双涡轮增压发动机宣告 BMW M3 与 V8 发动机正式告别。

如今 M3 只代表 4 门版车型，而更动感更受欢迎的双门 Coupe 和敞篷版车型则被命名为 M4。

第五代 M 车型迈进了"F"时代。

第五代 M3 更关注驾驶者主观感受所发生的改变。"更快"只是众多感受中的其中之一，得益于整体质量更轻的动力系统，"更灵活敏捷"的车辆动态响应同样值得褒奖。

车身部分大量使用了增强型碳纤维复合材料，比如碳纤维车顶减重 5 千克，传动轴轻 40%。与 E90 M3 相比 F80 M3 车身重量降低了 85 千克。

令 V8 发动机同样难以企及的还有更低的能耗以及更轻的重量。

经典直 6 的强势回归
第五代 F80/82/83 M3/M4（2014 至今）

F80 M3

BMW 精英驾驶培训

历练，
无限驾趣

BMW Driving Experience

百说不如一练
扫描二维码观看 BMW 精英驾驶培训官方视频

TEAM
制作团队

出 品 方   华晨宝马汽车有限公司
联合出品方   热火传媒、《汽车杂志》

总 编 辑   吴佩 Austin Wupei
主 编   陈鑫 Chen Xin
专 业 顾 问   董咸君 Vin Dong、韩岳 Han Yue
设 计 总 监   徐艳 Xu Yan
图 片 总 监   安宁 An Ning
设 计 顾 问   李喻军 Li Yujun
撰 文   吴均杰 Wu Junjie、冯林 Feng Lin、廖智 Liao Zhi、黄竞帆 Huang Jingfan、又又 UU、
         郑晚成 Zheng Wancheng、李尔欣 Li Erxin、包晓玥 Bao Xiaoyue、郑禹溪 Zheng Yuxi
编 辑   何健峰 He Jianfeng、吴均杰 Wu Junjie、陈嘉宁 Chen Jianing、廖智 Liao Zhi、谢翔 Xie Xiang
美 术 编 辑   钟翠明 Zhong Cuiming、郑家畅 Zheng Jiachang、池丹丹 Chi Dandan、顾玲宁 Gu LingLing
插 画   白颖 Bai Ying、王永 Wang Yong

图书在版编目（CIP）数据

驾驶圣经 /《汽车杂志》编辑部著 . — 北京 ： 北
京美术摄影出版社，2016.9
ISBN 978-7-80501-937-6

Ⅰ . ①驾… Ⅱ . ①汽… Ⅲ . ①汽车驾驶 —基本知识
Ⅳ . ① U471.1

中国版本图书馆 CIP 数据核字 (2016) 第 206578 号

责任编辑：董维东
助理编辑：刘舒甜
责任印制：彭军芳

驾驶圣经
JIASHI SHENGJING
《汽车杂志》编辑部　著

出　　版　北京出版集团公司
　　　　　北京美术摄影出版社
地　　址　北京北三环中路 6 号
邮　　编　100120
网　　址　www.bph.com.cn
总发行　北京出版集团公司
发　　行　京版北美（北京）文化艺术传媒有限公司
经　　销　新华书店
印　　刷　北京华联印刷有限公司
版　　次　2016 年 9 月第 1 版第 1 次印刷
开　　本　889 毫米 ×1194 毫米　1/32
印　　张　8
字　　数　125 千字
书　　号　ISBN 978-7-80501-937-6
定　　价　59.00 元

如有印装质量问题，由本社负责调换
质量监督电话　010-58572393